政府標案每年預算 2 兆元 / 發包案量 20 多萬件

揭開政府標案採購神秘面紗

企業增加訂單營收的新大陸

標案戰績
總額超過
**5億元**

# 標案女王

維姊 著
(Victoria)

## 標案服務建議書專家

# 不談理論，只教實戰

無私傳授得標訣竅，敲開政府合作大門

# 自　序

　　由於《政府採購法》規範，以及政府機構相關法令，許多資訊不對外公開，政府每年超過台幣 2 兆元、20 多萬件的「政府標案」發包，實屬神秘且資訊不對稱的領域，每當我跟他人介紹我們是做「政府標案」時，大多會被此人問：「你們要跟政府的關係很好吧？你們有沒有靠山啊？政府標案需不需要給紅包啊？政府標案執行會不會很麻煩？政府標案真的有利潤嗎？……」加上近年部分標案的負面新聞，以及部分得標公司之特殊背景，難免使得外界產生上述印象。

　　接觸政府標案事業 15 年來，我已經累積好幾百個政府標案競標、得標的相關經驗，在此，真的要幫政府說幾句公道話，上述外界觀點多半是偏差思維。現在無論中央或地方政府，公務員多為考試錄取而來、政黨輪替頻繁，公務員們絕不會拿退休金來冒險，因為，政黨執政四年後，也許就是另一政黨，公務員一旦護航現有政黨，難保不會被輪替上台後的政黨“秋後算帳”，不是嗎？

還有，政府不會倒閉，也不會有呆帳，這是投入政府標案最吸引人的地方，也是銀行機構喜歡合作的融資對象，政府標案有嚴謹的合約，內容承諾結案支付，若沒有支付，公務員一定要寫報告說明，麻煩無比，因為政府合約承諾支付，所以，其訂單（款項）取得費用的保障比中小企業高。

這些年來，我帶領不到 20 人的團隊，在「政府標案」得標第一名的戰績豐碩，單次取得標案之最高金額 1,500 萬元，標案戰績總額超過 5 億元，多次打敗團隊組織規模為上千、上百人員的強勁對手，乃都是深刻領悟到如何在服務建議書、簡報及統問統答戰勝的技巧與訣竅。

此外，我們團隊的部分專案執行優異，甚至獲得中央與地方縣市政府機關首長公開表揚，這對繼續取得其他相關標案，也非常有助益。

本書與坊間傳授採購法規、企劃書的書籍不同，旨在手把手實戰教學、實務經驗分享，傳授政府標案得標訣竅，畢竟，有時標案的競標者超過 10 家、戰況激烈，唯有獲得第一名，才有機會面對後續執行的法令議題，不是嗎？

除「政府標案」外，若好好研究政府相關政策，還能衍生出補助款申請，只要社團法人提出"計畫書"，就能有額外補助款經費。

　　現在，我已轉變發展方向至政府標案服務建議書企劃班、標案教育培訓、標案線上課程、標案諮詢顧問、標案競爭分析報告、政府標案精準搜尋……等，旨在幫助想投入政府標案產業的有志者，**透過本書詳述政府標案服務建議書撰寫 → 簡報 → 統問統答 → 獲得第一名 → 議價或議約的歷程，幫助想要投入「政府標案」的中小企業、新創團隊或個人，都能順利得標取得第一名！**


標案女王　維姊
2024 年 6 月

# 目　錄

▊ 第一章　政府標案是企業增加訂單營收的新大陸 / 007

▊ 第二章　先聊創業

　　2-1. 本夢比對照月收入感覺不錯，投入創業 / 023
　　2-2. 沒顧慮太多，就是一直投入 / 026
　　2-3. 創業是個有趣的歷程 / 027

▊ 第三章　投入政府標案

　　3-1. 遇到金融海嘯不知所措，但人才卻超好找 / 031
　　3-2. 知名大學 MBA 會計師協助撰寫 BP，奠定企劃基礎
　　　　 / 033
　　3-3. 高中同學在做政府標案，開始接觸標案企劃 / 035

▊ 第四章　政府標案有採購法與評選約束，企業訂單人為因素
　　　　　雜，標案競爭較公平 / 039

▊ 第五章　開始拿案，許多無知與不確定

　　5-1. 標案菜鳥小白，極度渴望相關經驗人才 / 047
　　5-2. 先從熟悉領域下手，轉類斜槓打敗強勁對手，卻是夢
　　　　魘開始 / 049
　　5-3. 開始屢標屢敗，極盡失望 / 051

▌第六章　標案企劃開始突破

6-1. 雖有強將加入，卻仍失敗連連，連續九個月未贏得標案 / 057

6-2. 人才運用不適當，策略顧問打通任督二脈 / 059

6-3. 政府標案的「企劃」與「執行」，竟然有那麼大的差別！/ 062

6-4. 企劃咖 vs 執行咖，辦公室嚴重勞務不均，人資顧問協助仍難解決 / 064

▌第七章　徹底覺悟，從選案決勝負

7-1. 探索自我非常重要，除認知優勢外，也要好好選擇投標領域 / 071

7-2. 挑案開始贏一半 / 074

7-3. 浪費生命寫大案，不如好好標小案，做好建立口碑 / 076

▌第八章　好好寫服務建議書（企劃書），把握輸贏關鍵決勝負

8-1. 標案起手步：確定主辦單位，嚴謹分析與調查標案，越深越好 / 081

8-2. 深度推敲服務建議書（企劃書）的決戰關鍵點 / 090

8-3. 詢問承辦人非常重要，深度瞭解客戶需求 / 100

8-4. 充分調查前廠商執行，以及其歷年投標與得標情況 / 102

8-5. 挑案時，評估自身人力物力資源，深度調查所需資源，確認可行性 / 108

8-6. 規劃撰寫與目錄，寫好決戰關鍵主軸，然後修改、再
修改……直到完美 / 110

8-7. 檢查用詞與錯字，送印 / 114

■ 第九章　資格標審查勿輕忽，簡報與統問統答是得標勝負關鍵

9-1. 簡報帶入感情，要控制時間、講重點 / 119

9-2. 搞懂內評外評及「序位法」，評審都是一人一票
/ 121

9-3. 統問統答好好回應與解釋，切勿激烈反應挑戰，仍可
能轉敗為勝 / 127

■ 第十章　只能拿第一名的心路歷程，得標率提昇是一條龍的
發展 / 133

■ 第十一章　服務建議書找「代寫」好不好？/ 139

■ 第十二章　實體課程傳授得標心法，推線上服務造福更多企
業家 / 145

■ 第十三章　後記：鑽研全球採購與國際標案，為台灣企業找
海外出路 / 151

■ 附錄：「2024 九份紅燈籠祭」契約書（資料來源：政府電
子採購網 / 新北市政府觀光旅遊局）/ 153

日本「經營之聖」京都陶瓷公司 ( KYOCERA ) 創辦人—

稻盛和夫 ( Kazuo Inamori )


◊ 樂觀地思考，悲觀地計畫，實行時又要滿懷希望和
  信心。

◊ 若要真正成功，獲得偉大的成就，必得先愛上自己
  的工作。

第一章

政府標案是企業增加
訂單營收的新大陸

# 1　政府標案是企業增加訂單營收的新大陸

　　企業沒有訂單，就沒有營收，就沒有支持生存的彈藥，如果作戰沒有彈藥，就無法在商業戰場廝殺。

　　企業該如何獲得訂單？一直都是熱門議題，無論是大型或中小型企業，都是無所不用其極的想方設法，利用各式各樣的行銷，吸引民眾購買產品或服務，以利增加營收，抑或在競爭激烈的商場，想盡辦法打敗對手，搶奪訂單。

　　近年，「政府採購法」做了些調整，以利提升採購效率，2023 年 1 月 1 日開始，政府中央機關的小額採購金額，從以前的 10 萬元調高到 15 萬元，同時，財物類、工程類、勞務類採購的公告金額，也從 100 萬元調到 150 萬元。

　　簡單來說，如果政府各單位的採購金額超過 15 萬元以上，就需要在「政府電子採購網」公告採購資訊。

　　根據 2023 年 6 月行政院公共工程委員會的報告內容，2022 年當年有超過 20 萬件的採購案決標，總金額超過新台幣二兆元，但是，其中卻有超過 6 萬件數量的標案，最後為流標或廢標。

　　政府每年都有龐大的採購需求，以 2022 年發包的數量為例：

1. 財物類：7 萬件以上（每年發包數量）
   指各種物品、建築材料、機具設備、電腦軟硬體、辦公室用品、設備零件、傢俱、運動器材、土地買賣⋯⋯等品項之採購。

2. 工程類：4 萬件以上（每年發包數量）
   包含建築工程、地基開挖、海港工程、室內裝修、水利工程、橋樑舖設、粉刷油漆、牆面貼磚、圍籬護欄⋯⋯等工程之採購。

3. 勞務類：9 萬件以上（每年發包數量）
   包含商業服務、廣告服務、教育服務、社會服務、文化服務、體育服務、施工服務、運輸服務、餐飲服務、郵電服務、金融保險服務、廣播電信服務、電腦資訊服務、法律會計服務、管理顧問服務、建築服務、環保服務、健康衛生服務⋯⋯等之勞務採購。

　　上述三種類型的政府標案，政府公部門機關原則以下列形式「決定」優勝廠商，議價或議約後，就由該廠商執行標案。最常見的「決定」方式有下列二種：

　　1. 最低標：以「價格」高低競爭取勝，廠商報價最低者得標。

　　「最低標」顧名思義就是價最低者得標，也就是看哪一家廠商「報價」最低，就由該廠商得標。但是，若「報價」太低時，政府公部門機關可要求該廠商提報告說明，為何可用此低價承辦此案？低價解釋必須合理，才能確定得標。

　　2. 最有利標：以「服務建議書」及「簡報＆統問統答」競爭取勝，評審委員評選出之順位第一名者得標。

　　此類標案公告後，有意投標的廠商必須在截止投標前，提供資格文件及「服務建議書」，然後，由政府公部門機關召開「評選會議」，評審委員公開評選「服務建議書」，每一家有意的廠商，在評選現場根據自己撰寫的「服務建議書」依序進行簡報與統問統答，最後，由現場出席的評選委員們以「序位法」（「序位法」內容請參見本書第九章第二節）方式，評選出優勝第一名廠商進行議約或議價，議約或議價完成後，才確定得標，接下來就由該得標廠商執行該標案。

　　換句話說，每年這麼多的政府標案，每一位企業家和創業者都擁有公平、相同的機會，可以在此市場好好發揮，彼此競爭來取得政府公部門的訂單，以利擴充自我營收，這不僅是創業爭取訂單的機會，也是企業發展很重要的契機，因此，要如何學會進入這個政府公標案市場，開始精彩的商業旅程，是值得學習的知識和技巧。

　　以往非六都（臺北市、新北市、桃園市、臺中市、臺南市、高雄市）的各縣市或鄉鎮市公所的標案，經常礙於地方經費不足，公務員會寫計畫來跟中央申請補助款，所以，常會在「政府電子採購網」看到該標案的經費來源全額或部分來自中央，實質上，該標案則是由各縣市或鄉鎮市公所發包執行，例如離島建設基金、花東建設基金、政策經費……等，這是政府標案的另一特殊發展。

　　以下是我們用臺北市政府所屬的各局處為範例，呈現可能「發包標案」的案例說明，以利大家瞭解政府標案在財物類、工程類或勞務類三種政府標案類別，可能發包標案的內涵來說明，以利各企業主或創業家瞭解可爭取的訂單方向。

　　事實上，中央單位、各縣市政府的標案發包內涵，大多與臺北市政府局處屬性類似，即使未羅列出的鄉鎮市公所公標案，也大多相似。

| | | | | |
|---|---|---|---|---|
| 秘書處 | 民政局 | 財政局 | 教育局 | 產業發展局 |
| 工務局 | 交通局 | 社會局 | 勞動局 | 警察局 |
| 衛生局 | 環境保護局 | 都市發展局 | 文化局 | 消防局 |
| 捷運工程局 | 臺北翡翠水庫管理局 | | 觀光傳播局 | |
| 地政局 | 兵役局 | 體育局 | 資訊局 | 法務局 |
| 主計處 | 人事處 | 政風處 | 公務人員訓練處 | |
| 研究發展考核委員會 | | 都市計畫委員會 | | |
| 原住民族事務委員會 | | 客家事務委員會 | | |
| 臺北自來水事業處 | | 臺北大眾捷運股份有限公司 | | 區公所 |

資料來源：臺北市政府官網

　　依據「政府電子採購網」之發包內涵與數量多寡，大致排列如下：

1. **產業發展局**：財物類、工程類、勞務類採購均有，例如企業運用跨境電商平台拓銷市場計畫、公有閒置空間綠化工程、科技園區軟硬體設備維護、產業輔導、產品行銷推廣、政策宣導、觀光工廠、大中小型活動、

各式各樣的物品採購……等。

2. **觀光傳播局**：財物類、工程類、勞務類採購均有，例如辦公空間工程、燈節活動、促進臺北觀光之各種整合行銷、國外觀光客來臺北旅遊宣傳、國際觀光旅遊交流、政策宣導、休閒旅遊業輔導、各種節慶行銷、大中小型活動、觀光產業補助計畫、各式各樣的物品採購、資訊系統……等。

3. **文化局**：財物類、工程類、勞務類採購均有，例如古蹟保存工程、文化研究調查計畫、國際交流、論壇、講座、文藝表演、大中小型活動……等。

4. **教育局**：財物類、工程類、勞務類採購均有，例如公立中小學的工程或室內裝修、各式各樣的物品採購、國際教育交流、雙語政策軟硬體採購、教育交流論壇、大中小型活動、政策推廣、教育資訊系統、國際交流、課後社團、課後照顧……等。

5. **民政局**：財物類、工程類、勞務類採購均有，例如社區中心工程、戶政役政資訊系統、里長鄰長活動、各式各樣的物品採購、印製、政策宣導、大中小型活動……等。

6. **各區公所**：財物類、工程類、勞務類採購均有，例如各區公所的工程或室內裝修、各式各樣的物品採購、各式印製、中小型活動……等。

7. **衛生局**：財物類、工程類、勞務類採購均有，例如市立醫院工程、醫材醫藥採購、早期療育、長期照護、食品與藥物檢驗、自殺防治、癌症防治、各式政策宣導、大中小型活動、各式物品採購……等。

8. **環境保護局**：財物類、工程類、勞務類採購均有，例如環境清潔維護、資訊、環保教育、環保政策研擬、政策宣導、環保大中小型活動……等。

9. **交通局**：財物類、工程類、勞務類採購均有，例如科學園區聯外道路改善工程、交通政策宣導、交通事故分析平台、共享運具經營業評鑑計畫、資訊系統……等。

10. **社會局**：財物類、工程類、勞務類採購均有，例如婦女中途之家工程、居家服務、社福機構查核與評鑑、嬰幼兒物資交流、托嬰中心評鑑、公共托育家園、老人養護中心、性騷擾防治、政策宣導、大中小型活動、各式物品採購……等。

11. **勞動局**：財物類、工程類、勞務類採購均有，例如勞動權益中心工程、勞動大學資訊系統、培訓、職場平權宣導、政策宣導、大中小型活動、各式物品採購……等。

12. **都市發展局**：財物類、工程類、勞務類採購均有，例如都市計劃、國宅工程、資訊系統、社會住宅、政策宣導、住宅更新補助……等。

13. **警察局**：財物類、工程類、勞務類採購均有，例如各分局或派出所改善工程、各式各樣的物品採購、警察制服採購、警察鞋子採購、車輛租賃……等。

14. **捷運工程局**：財物類、工程類、勞務類採購均有，例如軟硬體採購、捷運工程、房舍工程、不動產委託代管、產物保險……等。

15. **臺北大眾捷運股份有限公司**：財物類、工程類、勞務類採購均有，例如貓空纜車改善工程、電纜線採購

或維護、攝影機、不斷電系統、各式各樣的物品採購……等。

16. **原住民族事務委員會**：財物類、工程類、勞務類採購均有，例如原住民會館建置或改善工程、原住民培訓、原住民就業創業輔導、原住民祭儀活動、原住民產業補助、政策宣導、大中小型活動……等。

17. **客家事務委員會**：財物類、工程類、勞務類採購均有，例如客家會館工程、客家文化推廣、客家話推廣、客家產業輔導、大中小型活動……等。

18. **工務局**：工程類、勞務類採購，例如道路橋樑興建或改善工程、校園改善工程、公園改善工程、市府大樓工程、地下水道舖設……等。

19. **體育局**：財物類、工程類、勞務類採購均有，例如運動場維護或改善工程、國際國內各式體育競賽、銀髮族體適能、大中小型活動、政策行銷宣傳……等。

20. **消防局**：財物類、工程類、勞務類採購均有，例如消防衣採購、消防設備採購、消防車、防災宣導品、設備採購、影片製作、政策宣導……等。

21. **財政局**：財物類、勞務類採購，例如各式各樣的物品採購、會計軟體採購、電腦設備採購……等。

22. **地政局**：財物類、勞務類採購均有，例如文書與檔案管理業務委外、資訊系統建置維護、宣導文宣品……等。

23. **資訊局**：財物類、勞務類採購，例如資訊系統、市民卡活動、市民卡資訊……等。

24. **法務局**：財物類、勞務類採購，例如檔案管理作業、資訊管理系統……等。

25. **兵役局**：財物類、勞務類採購，例如車輛運輸、清潔維護、宣傳品⋯⋯等。

26. **秘書處**：財物類、勞務類採購，例如各式各樣的物品採購、印刷⋯⋯等。

27. **主計處**：財物類、勞務類採購，例如資訊系統、庶務及文檔處理⋯⋯等

28. **政風處**：財物類、勞務類採購，例如宣導品案、影片拍攝、教材製作⋯⋯等。

29. **人事處**：財物類、勞務類採購，例如人資系統、印刷、證件製作⋯⋯等。

30. **公務人員訓練處**：財物類、工程類、勞務類採購均有，例如園區工程、大英語數位教材、公務員培訓、公務員交流、數位學習平台⋯⋯等。

31. **臺北自來水事業處**：工程類、勞務類採購，例如配水管線工程、淨水處理或工程、水表箱維護、供水管網、友善直飲台暨環境改善計畫、淨水處理試驗用品⋯⋯等。

32. **研究發展考核委員會**：財物類、勞務類採購，例如人口結構變遷研究計畫、市政滿意度民意調查、研究案、會議案、公文檔案作業⋯⋯等。

上述列舉的標案，若總體金額超過規定，就必須公開上網招標與公告，且要公開透明、評選公正，否則公務員會吃不完兜著走、退休金泡湯，甚至可能招致判刑坐牢的慘烈下場。

基本上，政府標案算 B2B（企業對企業）市場，訂單

金額 15 萬起跳，其中，許多勞務標案，不少都是數十萬、數百萬、甚至數千萬元以上，一旦得標，企業就是「立刻」擁有訂單，未來增加營收可期。

先前我創業也以企業訂單為主，自從接觸政府標案，得標情況越來越順後，就逐漸放棄企業，全心投入。

近期，我接觸到一位優秀的創業家，她說，先前公司都是跟上市上櫃公司爭取訂單，這兩年開始接觸到政府標案後，有如「發現新大陸」，這位創業家告訴我：「爭取政府標案很單純，就是把案子做好，準備標案就是好好寫服務建議書，這些都很符合我『做事』的個性。若是先前跟上市上櫃公司談生意、談訂單，常常都要巴結該公司的採購或總務人員，總而言之，就是要搞定『做人』，這不是我性格喜歡做的事。」後來，她下定決心，要朝更多的政府標案道路邁進。

不少企業家或創業家，一旦接觸政府標案後，很多都會漸漸轉變為只爭取政府標案訂單的方向，歸結以下原因說明：

1. 政府標案公告後，就開始進入 SOP 標準流程，一切清晰透明：

政府標案每天都很多，搜尋時，按政府標案的遊戲規則，先確認資格是否符合？自己團隊是否有能力執行此案？自己團隊是否有優勢能撰寫出得標的服務建議書？如果一切都是樂觀的評估結果，那就大膽去標，即

使失敗，秉持錯誤修正原則，不斷進步再進步，相信總
有得標的機會。

最重要的是，政府標案裡的規定都很清楚明白，什
麼時候知道標案結果？什麼時間結案？什麼時間切點辦
理各工作項目？這些內容都清楚明白，甚至還詳細載明
於雙方簽署的契約裡，完全不需臆測與想像。

但是，當我們要爭取企業客戶訂單時，往往會被拖
時間，一家一家的被比較，文件提供再提供，談了又談，
還是可能得到答覆「我們還要再等一等，才會有這樣服
務的需要，不好意思」，出現讓人白忙一場的傻眼結果。

2. 政府標案評選過程講求公正，不需刻意巴結討好
採購人員：
我不敢保證所有政府標案的評選沒主觀因素干擾，
但，過去多年的經驗累積，我可以很確切的證實，評審
委員大多數都是潔身自愛的委員，因為，只有這樣才不
會遺臭萬年，特別是外部評審委員，多半是大學任職的
學者專家，也會被公告列出，因此，他們大多會很嚴謹
的評出優勝的第一名。

換個角度看，企業單位對有意的廠商爭取訂單時，
到底是如何選出合作的對象，有時候真是一團迷霧，是
報價多少嗎？是服務內容？是窗口人員的魅力？是策略
關係的考量？有時候，我們可能永遠都不知道答案。

3. 政府標案的公信力，可增添民眾或其他企業客戶
的信賴：

很多企業都會放上自己公司往來的客戶群，藉以彰
顯實力，並吸引民眾或其他企業客戶下訂單，這種磁吸
效應，在大多數企業的官網屢見不鮮。

4. 政府標案可養成斜槓實力及拓展市場：

我一向鼓勵有心投入政府標案的創業家或企業家，
不只看自己專長，還可延伸看其他相關的斜槓項目，拓
展自我標案的範疇，尤有甚者，透過政府標案的內涵，
發展出擴及消費者民眾或其他市場，畢竟，扛著政府的
大旗，會給外界穩定信賴的觀感，藉此來拓展其他創造
營收的範疇，就是各位看官們的商業創意與謀略想像。

5. 政府標案的訂單穩定，政府不會倒閉，有利洽談
銀行融資：

政府標案訂單，因為載明詳細的工作項目，也有各
個期程切點，加上政府經費的穩定性，政府不會破產或
倒閉，銀行業會比較青睞。

當企業想要擴大市場或得標範疇時，銀行給予的融
資就是很好的後盾，相對於取得的是一般的企業客戶訂
單，有時候該客戶知名度不足，甚至會有付款的穩定性
問題，往往銀行會傾向保守，不太可能給予融資支持。

總而言之，除了向消費者民眾或企業客戶爭取訂單
以外，還有政府標案，這是爭取訂單及提昇營收的一個

新大陸，如能善用並掌握服務建議書的得標撰寫訣竅，在贏得標案第一名後，就專心致力執行標案，以利培養出日後標案評選時的競爭優勢，相信在政府標案界，有心經營的各位企業主或創業家，必定可以快速的累積訂單與營收！

**Apple 蘋果創辦人 — 史帝夫 · 賈伯斯**

**( Steve Jobs )**

我相信成功的企業家和不成功的企業家之間的差別，有一半原因都在於純粹的『堅持』。

第二章

# 先聊創業

## 2-1　本夢比對照月收入
## 　　　感覺不錯，投入創業

　　研究所畢業後，幸運的到我們新聞傳播領域畢業生爭搶、人人羨慕的報社，白天報稿、一路寫稿到晚上，每天文字數量都是 2,000 字以上，甚至還被規定不時要回報社開會，都是比較自己與其他報紙（競爭對手稱"匪報"）的差異，有一次為趕稿，拼小命寫完後，採訪主任竟然直接將我的稿件，大剌剌在我眼前放入抽屜裡，且以一種戲謔他人的態度說「妳的稿子趕不及」，令我傻眼。

　　寫稿到晚上，為了搶獨家新聞，有時候半夜還要去參加政商人士聚集的餐會或 KTV，這段期間，以利蒐集資訊，果然也曾拿到重要的獨家新聞，非常有成就感，這段時間，親眼見證許多光怪陸離的談事、喬事，實在非常有趣。

　　我的座位可以看到總編輯，心想，未來的人生最高應該就是當到總編輯，此人就坐在我的正前方，僅 30、40 公尺距離，覺得未來人生如此，似乎這是看得到、似乎可預測的發展，有點無趣，像是一條「既定」的道路，沒有想像空間，恰巧，當

時遇到第四家無線電視台招募人才，所以，就去報考並順利轉行成為夢寐以求的無線電視台的電視人。

不過，成為報社的記者，一個人寫稿就搞定，除遇到大新聞、大主題需要配合報社分配採訪以外，其他大多數的主題都可以自己決定，每天看盡人生百態、自由自在發揮，是目前為止，我最懷念的工作內容。

轉到電視台工作，因為刻意想從新聞轉行其他不同領域，故特地報考節目部，其中連續劇是節目部最重視的項目之一，所以，每天被規定要看其他家電視台（競爭對手稱"匪台"）八點檔，並且還要提出分析報告，由於平常根本都沒在看八點檔，心裡認為那是婆婆媽媽級別的口味，內容貼近民情、演出必須誇張，每天必須重複一直看八點檔，初期覺得快要吐血崩潰，後來也能感受到戲劇節目是社會人心的療癒解方，讓枯燥乏味、重複進行類似動作的人生，增添務實的想像空間，事實上，目前流行的韓劇，也都是異曲同工的內涵。

離開電視台，轉職到大學擔任講師兼行政，每天生活規律，還能有寒假、暑假難得的少班休息時間，雖然我的老闆很壓迫式交辦任務，且時常要等他老人家下午姍姍來辦公室後，很多任務決定才能有進一步的指示，以致經常做事沒效率，常需加班到很晚很晚，加上兼顧教學，經常需要備課，同時，第二天早上仍須八點多到校刷卡上班，雖然收入還算不錯，曾最高領到月薪九萬，當年，對一個還不到 30 歲的年輕人，算相當不錯的待遇，因此勉強是一個開心的上班族。

　　就跟在報社一樣，我看到未來的人生最高應該就是當到系主任、院長，覺得未來人生如此，似乎這是看得到、似乎可預測的發展，有點無趣，像是一條「既定」的道路，沒有想像空間，恰巧，此時遇到想創業的好友，他用「本夢比」試算以後每月收入大約多少，不斷慫恿勸說後，算一算，創業後每月賺的錢，好像比目前划算，所以，就毅然決然離職去創業。

## 2-2 沒顧慮太多
## 就是一直投入

　　創業初期，銷售、人資、研發、財務的知識與常識，對我而言，每項都是空空如也，市場開拓必須從無到有，異常艱辛，也終於體會到為何每年都有一拖拉庫的人創業，大多數都會失敗收場，因為，創業真的很辛苦，時時刻刻的挑戰很多。

　　即使開始有收穫，仍然不斷將賺取的一直投入，不斷投入。

## 2-3　創業是個有趣的歷程

　　這些年來，看到許多人的創業之路，幾乎都是先被本夢比吸引，常常就是衝動或莫名其妙的投入，以未來的不確定性極高的「夢」說服當時正在努力耕耘的自己，堅持相信人生築夢、築夢踏實，有夢最美、希望相隨……等，不斷打拼追求夢想成真。

　　事實上，真實的創業世界可能只是一場難以實現的夢，這是政府的統計數字闡述的事實，許多投入創業的人，可能都是因為看到創業成功的案例，相信別人做得到，自己蠻聰明也有工作經驗，職場表現不差，應該也是可以做到，因此，在還沒做好市場研究或準備就匆匆上戰場，且戰且走，最重要的是，連創業的心態都沒調整好，不少人仍用職場的態度面對創業，結果，往往是落得戰敗下台一鞠躬。

　　本人歷經創業的過程，非常有趣，發生許多特殊狀況且令我永生難忘的經驗，未來有機會再來另以其他文章或出書述明，跟大家分享交流，當然，也是因為創業，才能有今天標案女王的事業。

**Microsoft 微軟創辦人 ── 比爾·蓋茲**

**( Bill Gates )**

◊ 這個世界並不在乎你的自尊，這個世界期望你在
   自我感覺良好之前，先有所成就。

◊ 用特長致富，用知識武裝頭腦。每個人都有知識
   和特長，乞丐也一樣，只是你自己沒發現而已。

◊ 微軟離破產永遠只有 18 個月。

第三章

# 投入政府標案

# 3-1 遇到金融海嘯不知所措 但人才卻超好找

2008、2009 年本來經營的網際網路事業，遇到金融海嘯，百業蕭條，我們的業績瞬間掉一半以上，不少狀況都是突然發生、瞬間變化，許多老客戶紛紛表示預算緊縮，暫時不會購買我們的服務。

2000 年網路泡沫時期，雖然我們還未成立公司，但，事業已開始試營運，經濟景氣差、當年的房價跌到谷底，我也是在那時候，以極低的價格在台北市買人生第一間房子，並將之作為辦公室，金融海嘯的情況與網路泡沫情形一樣，只是在網路泡沫時，趁機買到便宜房子，卻在金融海嘯時期，為救援公司，又將該棟房子賣掉。兩個經濟危機，買了房子、賣了房子，看起來，怎麼樣來的東西，也會怎麼樣回去，也許這就是創業會歷經的道路，也是人生樣態，有趣吧！

金融海嘯發生也有好處，就是中小企業大幅裁員，徵才數量變少，所以，人才非常好找，因許多科技公司裁員，當年隨便徵才，就是科技、遊戲公司出身，專業很厲害的技術人才，

這跟現今 COVID 疫情過後，工作型態調整、求職心態改變，人才非常不好找的情況，簡直是天壤之別。

從 2000 網路泡沫、2009 金融海嘯、2020 疫情三年，創業 20 多年以來，每一次遇到的事業難度都不盡然相同，但，要面對解決的問題都差不多，例如資金、市場開拓……等，雖然都是考驗，也是事業轉型的契機。

## 3-2 知名大學 MBA 會計師
## 協助撰寫 BP，奠定企劃基礎

　　正在面對金融海嘯造成的損失，煩惱如何因應，遇到一位正在念知名大學 MBA 學位，背景是會計師的朋友 Lily，她表示願意協助我，並建議我要從撰寫營運計畫 BP（Business Plan）下手，然後幫我募資，成功募得資金才跟我抽成收費，聽起來是個無本生意，也是挺好的，使得我開啟人生第一次撰寫營運計畫與「募資」行動，同時，也才逐漸瞭解營運計畫 BP 與財務報表的用意與功能。

　　現在回想起來，營運計畫 BP 也算是一種服務建議書（標案企劃），BP 主要是讓投資人瞭解公司營運並且願意投資支持公司發展，服務建議書則是主辦單位希望看到投標廠商的提案，以利瞭解此團隊與提案內容，是否符合主辦單位的需求，進而決定是否要選擇這家廠商來承辦此項標案業務。

　　其實，許多企劃或提案，幾乎都有異曲同工之妙，所以，無論是任何企劃或提案，其內容都一定要寫好，畢竟，投資人或評審不認識你們公司，要他們如何選擇？此時只能先透過企

劃或提案內容來瞭解，也就是說，無論如何，企劃或提案內容一定要完整、要寫好，這是最重要的前提。

在這位專業朋友的指導之下，糊裡糊塗的寫完人生第一份BP，因為編列財務報表，對於 EXCEL 軟體的使用，越來越駕輕就熟，在之前，對財務的認知慘不忍睹。在此奉勸創業的夥伴們，如果不熟悉或不想搞懂會計財務，那麼，最好也不要考慮創業這條路，這是個人的真心建議。

雖然有這位 MBA 會計師朋友幫忙，最後，還是因環境大景氣不佳，募資到處碰壁，終究沒實現任何募資案例。在此，也想提醒所有新創團隊，募資作業一定要提前啟動，切莫等到資金快要告急時再來處理，起碼要保留三個月以上現金預估，任何花費絕對不要打腫臉充胖子，一定要仔細核算所有收入、支出，也不要對可能的營收過度樂觀，因為景氣隨時變化，網路泡沫、金融海嘯、COVID 疫情、烏俄戰爭……等都是瞬間來襲，時間長短不一，很容易讓你們措手不及，誰知道下一個又會是什麼？

在此，也想表達說明，無論是企業對企業（B to B）或企業對消費者（B to C）或任何商業模式，都可能因為景氣受影響，目前看起來，唯有政府標案不變，只是類別內容會因為環境變化有所調整，但，總體預算經費變化不大，雖然有競爭，因為發案量夠多，只要懂得寫企劃拿案，一般而言，都還能起碼撐住，不至於創業失敗，所以，學好如何拿政府標案，可以作為創業者們的參考。

# 3-3 高中同學在做政府標案
## 開始接觸標案企劃

　　我一位高中好友在一間專門做政府標案的機構做事，之前就曾聽她說標案的種種，每次只覺得深奧又很有趣，尤其她經常藉著接專案在台灣到處行走，讓我羨慕不已。

　　當年他們機構有些內部情況發生，導致部分同仁離職，這位好友看到我遇到金融海嘯因應的慘烈情況，就順道問我：「要不要用他們那裡離職同仁 L 來我們公司上班，因為那位同仁會做政府標案，說不定可以讓我們度過難關。」就是這個開端起頭，讓我開始跟政府標案結了不解之緣。

　　後來轉職到我公司上班的這位同仁 L 加入後，和我一起開拓政府標案市場，南征北討到處征戰，從離島、非六都縣市的政府標案，披荊斬棘、一路廝殺回到六都，不但打回台北市、新北市，甚至還取得許多中央級的標案，從不到一百萬的小案，做到一千五百萬的大標案，L 功不可沒！經營事業路上有 L 相伴，更是人生極其幸運的美事！

Amazon 亞馬遜創辦人暨執行長 — 傑夫·貝佐斯

( Jeff Bezos )

我知道如果我失敗了，我不會因此後悔。但我知道
我可能會後悔的一件事，那就是我從未嘗試過。

第四章

政府標案有採購法與評選約束
企業訂單人為因素雜
標案競爭較公平

# 4　政府標案有採購法與評選約束，企業訂單人為因素雜，標案競爭較公平

　　創業時，我是以企業客戶起家，其特質是，若有類似商品的競爭對手出現，就會有"搶單"情況發生，客戶隨時可開始比較與碎念。我是新聞傳播領域出身，觀察媒體的變化更是有心得，當媒體載具（通路）變化，過去傳統印刷與電子媒體的廣告，就是派廣告 AE 談訂單，經費預算足夠，就會有影視名人代言，一旦新媒體出現、網紅 KOL（Key Opinion Leader）流行，消費者使用媒體習慣改變，廣告客戶的忠誠度也跟著改變，數十年的廣告訂單情誼，可以瞬間改變，這不能怪客戶無情，當廣告效果不再，客戶當然轉單。

　　企業客戶可以隨時解約，只要承辦人不爽，或想把案子給自家人或更熟的人，或者承辦人更換，則下次訂單可隨時轉手其他廠商，甚至中途還可能對原廠商找碴解約，企業的現實常使"跟不上時代"腳步的創業家，處在不確定的環境並產生不安全感，若是拿政府標案訂單，上述情形會穩定許多。

政府標案有《政府採購法》規範，第一到第三條：

第 1 條 為建立政府採購制度，依公平、公開之採購程序，提升採購效率與功能，確保採購品質，爰制定本法。

第 2 條 本法所稱採購，指工程之定作、財物之買受、定製、承租及勞務之委任或僱傭等。

第 3 條 政府機關、公立學校、公營事業（以下簡稱機關）辦理採購，依本法之規定；本法未規定者，適用其他法律之規定。

根據《政府採購法》規範，目前只要金額達 15 萬元以上的發包，就必須上網公告，類別有財物、工程、勞務三種，財物就是比價格高低，工程顧名思義理解，勞務則需要比企劃比提案優劣，以西元 2022 年的公告來看，決標發包二十萬件標案裡，財物約七萬件、工程約四萬件、勞務約九萬件。

只要是公務人員，就必須「依法行政」，嚴格遵循《政府採購法》規定，這也揭示政府標案發包具有一定公平性，此外，根據採購法延伸出的評選機制，多數有一定規則，例如簡報、統問統答分配的時間需一致，內部評審、外部評審……等，若想要作弊護航，並非那麼容易。

當然，所有的機制都有漏洞可鑽，政府標案市場不是沒瑕疵，否則怎會有一些採購弊案新聞被揭露報導？

儘管如此，政府公務員做好沒有獎金，但，只要有人檢舉，有一絲絲瑕疵，民意代表、媒體或民眾都會用放大鏡檢視，現在人人有手機，隨時可錄影、錄音，非常方便，時時刻刻都有人在檢視與蒐證，尤其還有標案競爭輸掉的廠商，必會虎視眈眈嚴格審視評選的公平性，加上法務部廉政署、調查局等機構芒刺在背，幾年後可能會有的政黨輪替……等因素，相信公務員都不敢輕易舞弊。

以 2022 年的公告來看，決標發包有二十萬件以上，但，去年有上新聞的幾個弊案數量，其佔比實在很低很低。

再舉幾條《政府採購法》第七章第 87 條的罰則如下，相信各位看官會更有感受：

1. 意圖使廠商不為投標、違反其本意投標，或使得標廠商放棄得標、得標後轉包或分包，而施強暴、脅迫、藥劑或催眠術者，處一年以上七年以下有期徒刑，得併科新臺幣三百萬元以下罰金。
2. 犯前項之罪，因而致人於死者，處無期徒刑或七年以上有期徒刑；致重傷者，處三年以上十年以下有期徒刑，各得併科新臺幣三百萬元以下罰金。

3. 以詐術或其他非法之方法，使廠商無法投標或
開標發生不正確結果者，處五年以下有期徒刑，
得併科新臺幣一百萬元以下罰金。

4. 意圖影響決標價格或獲取不當利益，而以契約、
協議或其他方式之合意，使廠商不為投標或不
為價格之競爭者，處六月以上五年以下有期徒
刑，得併科新臺幣一百萬元以下罰金。

5. 意圖影響採購結果或獲取不當利益，而借用他
人名義或證件投標者，處三年以下有期徒刑，
得併科新臺幣一百萬元以下罰金。容許他人借
用本人名義或證件參加投標者，亦同。

瀏覽以上《政府採購法》罰則，動輒就是剝奪人身
自由的有期徒刑，絕大多數公務員光想貪瀆的下場，應
該都會嚇到屁滾尿流、三思而後行。

相同標準，以企業採購角度看，無以上的特別法令
規範，也沒嚴謹的查察機制，只有少數大型跨國企業或
上市櫃公司制訂嚴格採購制度，如違背，會主動蒐證檢
舉，屆時方有檢調介入，事實上，大多數中小企業的採
購發包，幾乎都掌握於總務或採購承辦人或高層管理的
自由心證，想爭取訂單及拓展市場，大家就自己摸摸良
心、好好比較，好好衡酌，到底是哪一個領域比較公平？

# 重點札記

富比士雜誌創辦人暨發行人 — 邁爾康・富比士

（Malcolm Forbes）

如果能從失敗中學習，那麼失敗就是成功。

第五章

# 開始拿案
# 許多無知與不確定

## 5-1 標案菜鳥小白
## 極度渴望相關經驗人才

　　開始投入政府標案起步時，只是菜鳥小白，還好這位同仁L，讓我省時省事不少，不過，後來瞭解同仁L對標案企劃理解偏向某領域，在此領域裡，L如魚得水，征戰殺敵不是問題，但，此類標案數量不多，確定無法只靠此類標案養家餬口，所以，我們決定投入其他領域鑽研。

　　面對不同類別時，真的是隔"類"如隔山，我們陷入困境，投標企劃不斷輸給其他廠商，很令人沮喪，不過，反過來看，我們輸的對象有許多都是征戰多年、甚至幾十年的資深廠商，我們經驗極單薄，要瞬間挑戰成功，實屬不易。

　　當時，我極度渴望更多具政府標案經驗的人才加入我們團隊，協助提升拿案率，儘管如此，政府標案界本就小圈圈，相關人才有一定侷限，有時候，即使能招募到人才，也不見得瞭解如何運用，或知道如何管理、激發潛能的道理。

　　除了L以外，記得聘僱第一位具政府標案經驗的同仁時，

該同仁做沒多久離職，他曾經告訴我，我們執行專案沒有 SOP
（Standard Operation Procedure 標準作業程序），使得執
行紊亂，當時，我甚至不懂什麼是 SOP ？還以為是該同仁在耍
嘴皮、刻意展現自己的專業度講講專有名詞來嗆我，同時，也
覺得該同仁離職得莫名其妙，但是，現在回首來時路，要是當
年有深刻聽懂，甚至改善跟著做，應該能多省幾年工，但，這
應該也是創業必經路程吧～

# 5-2 先從熟悉領域下手 轉類斜槓打敗強勁對手 卻是夢魘開始

　　開始投入政府標案時，初期建議先從自己熟悉的領域下手，除贏面較大，得標後執行時也較能得心應手，政府部門重視執行成果與成效，因為他們也要針對此案撰寫報告，如果評選出一家廠商，最後落得「企劃很會寫，但，執行成果不如預期，配合度也有問題……」等評語，那麼可以想見，同個標案下一次，這家廠商就已確定出局。

　　原來我已深耕的是國際專業人士在台灣交流的相關事務，藉此賺得服務費或廣告費，此讓我們的業務經營還行，當轉到政府標案領域時，理所當然就做外籍教師招募聘僱的標案，嚐到甜頭後，看到政府標案無限可能，加上有新聞傳播及媒體實務經驗，認為可以斜槓到媒體宣傳、行銷或國際事務領域，所以，開始投此類政府標案。

　　猶記第一次寫的行銷企劃服務建議書，竟然意外打敗極強的競爭對手，儘管非常興奮，但，這也是夢魘的開始，執行的

過程驚險萬分，追不上甘特圖預定的進度，還不時被主辦單位承辦人威脅，說因為我們執行不力（當時，我們可能連「執行有力」的內涵都還搞不清楚），要用《政府採購法》101 條歸責我們，將我們公司公告上網，以致我們未來無法再拿標案。

以上情況，勉強還可用我當年很菜很破的政治公關領悟與理解能力挽回，但是，因為剛打敗強勁的競爭對手，莫名淺薄的自信心卻因此膨脹起來，開始斜槓企圖拿其他領域的政府標案。

# 5-3　開始屢標屢敗，極盡失望

記得上面章節提到，只要一起參與競標的廠商，多數都是業界老手，甚至有幾十年經驗者，我只是一個初出茅廬、經驗很菜的對手，想要贏這些對手，要寫出怎樣「勝出」的企劃書？就一直是不斷在我腦海裡縈繞的議題，甚至到今天，這樣的議題仍然無時無刻的出現在腦海，如果有閃過的靈感可能打敗競爭對手，都會讓我非常開心。

自從一次打敗強勁對手後，開始不斷寫案，卻開始屢戰屢敗，甚至有些標案還敗的很慘，往往是最後一名或倒數第幾名，戰況慘烈。

戰敗絕望後痛定思痛，當時的狀況不只是很慘，而是更慘，連人才的運用都不上心，什麼叫做「會寫標案企劃的人才」定義？自己都搞不清楚，以為會寫出一本漂漂亮亮的 PPT 企劃書（用 Power Point 撰寫的企劃書，簡稱 PPT），就是好人才，其實，真的是大錯特錯，因為標案競爭的結果會告訴你，別人的企劃連封面都很二二六六、令人不敢恭維，卻能因

此得標，到底要如何拿標案？到底要如何贏？不斷的挫敗，極盡失望的心情低落到谷底，不禁讓我開始懷疑人生⋯⋯。

# 重點札記

Facebook 臉書創辦人 — 馬克・佐克伯

（Mark Elliot Zuckerberg）

◊ 最大的風險就是不冒任何風險。

◊ 嘗試一些事，遭遇失敗後從中學習，比你什麼事
都不做更好。

◊ 快速行動，打破陳規，除非你一直在突破事物，
否則你的行動就還不夠快。

第六章

# 標案企劃開始突破

# 6-1 雖有強將加入 卻仍失敗連連 連續九個月未贏得標案

剛投入政府標案的世界，尋找相關人才一直是我的重要課題，尤其是懂標案企劃書撰寫的人，幾乎毫無猶豫多予錄取，但，就是這樣的意念，讓我吃很多苦頭，相信這應該也是不少資歷較淺的政府標案公司一定會遇到的難題，因為人才在履歷表上，通常都會膨風，說這些企劃書是他寫的，事實上，此人常都只參與寫一小部分，卻在面試誇大說該企劃書很多都是他所寫，加上這些人才能生產出一本編排美好、亮麗的企劃書，最後，卻始終難得標。

上述因素相信一定困擾許多標案公司，真的主因，是你搞不懂錄取進來的是「企劃咖」還是「執行咖」？因為這兩種人才完全天壤之別啊！

有一次錄取到來自某家我心目中頂級厲害的政府標案公司前員工 S，該公司每年得標金額一、二億元以上，S 為此公司的前主管，我永遠記得 S 在面試時告訴我：「之前大多在執行，

看到你們在找企劃，因為我想轉做企劃，所以來應徵」，當時，我以為企劃與執行是連在一起的專業，其實不然，現在回想已能完全搞懂。

後來我讓 S 如願擔任企劃主管，心想無論如何，S 起碼參與前公司許多專案，應該「沒吃過豬肉，也看過豬走路」，對於企劃書與得標概念應該不是問題」，當然這位同仁 S 很拼，不斷生產一本本編排美觀、亮麗的企劃書，但，卻是一次次的敗陣，有時候，情急下，S 會參考前公司拿案的類別及標準，去標我們根本不懂的案子，只因為 S 在前公司執行過相關類別的標案，S 認為自己駕輕就熟，得標應該不是問題。

回首來時路，自己反省檢討，深覺當年應先專注自己熟悉的領域，不要貪婪與過度求好心切，應該先在自己的領域好好發揮搶奪市場，慢慢鯨吞蠶食一個個標案，然後再來考慮斜槓朝其他領域發揮，才是比較理想的作法。

同樣領域的標案應該持續邁進，不要隨便就「斜槓」更換投標領域，同類型的好處是企劃撰寫的 SOP 套版方便，易發現企劃輸贏的關鍵主軸（後面章節會提及），把贏面大的企劃好好寫，得標機率較高，此外，公司內部人才專案執行（Project Manager，簡稱 PM，但，事實應只算是 Project Staff）的背景相近，不容易造成 PM 拿翹，隨便就威脅公司搶奪人力物力資源或輕易中途退出，若真有 PM 中途離職，也會因為彼此標案性質相近，較易銜接。

# 6-2 人才運用不適當
## 策略顧問打通任督二脈

　　透過朋友介紹，認識一位任職於某媒體集團的首席顧問
D，他在該集團主要指導策略與戰略，D來我們團隊則協助看
標案與指導標案企劃撰寫，當時約定每月顧問費2萬，為期一
年，總計支付24萬元，若有企劃得標，則以該標案預算經費
總額 "抽成" 做為獎金，後來，每次討論標案企劃時，D都會
先看標案之標規，並指出企劃關鍵內涵，後由我們依據指導來
撰寫。

　　剛開始，我們仍未能得標，情急下，詢問D得到建議，D
以自身單位的業務分組競爭，給予相對的建議，於是我讓L與
S拆分成兩組，以「內部競爭」的形式分組企劃競賽，用激勵
競合模式達到得標的目的，將現有同仁拆成兩組來良性競爭，
但，看起來依然成效不彰，後來，D多次參與企劃討論後忍不
住告訴我，我們團隊的企劃主導者，不堪勝任企劃指導任務，
主因是創意不足、概念不彰，D認為整個辦公室裡，只有我的
創意還行，其他人都不行，包含L與S。

　　由於「帶團隊」的思維，我認為既然是我栽培的主管，應該就要信任與放手，不宜干涉太多，就讓L與S好好發揮，但，我們連續九個月都沒得標，代表我整整支付九個月的人事管銷費用、不斷燒錢，當時，不但沒有裁員或是資遣任何同仁，還做到每一個月按時發薪水，根本是死命硬撐，抱著隨時可能可以得標的幻想，參與一次次的競標，換來的是一次次失望與沮喪，這段期間，部分同仁可能是看到公司一直投標、沒能得標，恐覺前途無望，也自行申請離職，S說她要拼一拼，非爭取得標不可，不過卻仍事與願違。

　　事實上，D在每次的標案討論時，就在不斷觀察我們團隊，D私下表達看法，認為我們團隊裡的人，創意與企劃構思能力都不夠強，主要是因為每次討論標案時，提出有效意見與看法的大多是我，其他夥伴多半無法提解方，包括L與S兩位組領導人，對於無法得標的戰況，L與S儘管非常沮喪，卻又不明白、也不去分析搞懂為何無法得標？標案界裡，沒得標就是沒得標，事實就是事實，獲得第二名跟拿最後一名都是一樣的命運，這是很殘酷的戰場。

　　後來，聽一位原為企劃的年輕同仁告知，她覺得在S的領導下已「江郎才盡、腸枯思竭」，寫企劃已無創意，我因好奇繼續追問，該年輕同仁才透露S只產出企劃目錄，剩下的內容，都要同仁自己發揮，並直接壓逼分配撰寫的同仁務必要在某時間生出內容，但，卻不指導他們該如何想、如何寫，年輕同仁說自己企劃經驗也不多，這讓他們感覺壓力很大，故萌生離職想法，直到此時，我才恍然大悟、茅塞頓開，原來S是這樣帶企劃。

　　以上綜合後，顧問 D 與離職同仁的觀點不謀而合，確定 S 已不適合主導企劃，即是 L 也難勝任，我就自行將此重任攬下，自己帶企劃團隊、指導企劃，加上常跟 D 討論企劃，漸漸瞭解如何一刀切入核心重點，沒多久，我們就開始贏得標案，而且是連續一直得標，短短瞬間就達近一千萬，簡直如有神助，此時，用任督二脈打通來形容，真的很恰當，這是我們開始拿標案的轉變契機與開始。

　　此時，我深深覺悟，過去自己帶企劃時，一定跟大家討論，也會指導方向，年輕同仁多會貢獻創意並勇往前衝拼命寫，但，因創業而開始瘋狂閱讀管理書籍，大多管理都告知要放手，切勿過於干涉，才能培養出堅實的中階幹部，就完全放手讓 S 發揮，結果，讓我再次吃到苦果，不只使優秀年輕企劃同仁離職，公司也因此白耗九個月。

　　因為上述發展及決定，讓我白白燒掉九個月的資金，至今仍很心痛，如果重頭再來，我應會更早止損，更不可能理會 S 的雄心壯志，因為燒錢的人是我，不是她，我該思考的是對公司最有益處的方向，不是管理，這樣的議題，相信也是許多創業家們的議題，管理帶團隊與事業策略，常會弄得創辦人產生混淆，不是嗎？

## 6-3 政府標案的「企劃」與「執行」，竟然有那麼大的差別！

　　因為上述的發展，最後才瞭解 S 是政府標案界的「執行咖」，絕非「企劃咖」，若想要得標，應該是企劃優先，那就必須找「企劃咖」人才，此類人才起碼要有思考能力，要能好好思考想企劃佈局與內容，理想的是，要有獨立寫案、得標拿案經驗的企劃人為佳，對大家的建議是，千萬不能因為該應徵者曾待過的公司標案戰績輝煌，就以為此人具有企劃力，這將會是「非常危險」的判斷，也可能使得公司虛耗及燒錢。

　　回首來時路，S 是優秀的政府標案「執行咖」，因我曾看過她在執行專案時，能力與魄力絕不在話下，令我深深折服，但是，她卻不是企劃人，更不符擔任企劃主管的資格，後來此人才運用不當，造成有形與無形的損失，已難估計。

　　後來我曾經聘過一位專門寫企劃的同仁 P，她個人就表明堅持不碰執行，後來因半推半就希望她執行某個專案，竟然還導致她提離職，至今此事仍是我非常遺憾的事，因為，要是當

初就留她專門寫企劃，也許我們還能因此得標更多案子。

　　原來，政府標案的「企劃咖」與「執行咖」，是天差地遠
的兩種類型的人才，真是讓我大開眼界！

## 6-4 企劃咖 vs. 執行咖 辦公室嚴重勞務不均 人資顧問協助仍難解決

搞懂「企劃咖」與「執行咖」差異後,兩種人才延伸的問題繼續接踵而至……。

當一個政府標案公告上網時,約有一週到數週不等的時間截標,有興趣投標的廠商,必須在截標期以前將標案企劃交出,否則就算你綁到專家是周杰倫、部長、行政院長、總統、天皇老子……,只要錯過時間,此案自此均與你無緣,標案就是公平,錯過截標時間就是莎喲娜拉再見~

以上述截標時間估算,各位看官應該很快就可以明白,「企劃咖」僅有幾週、非常緊湊的撰寫時間,壓力非常大,若沒有親身體驗過,旁人是難以領會的,為了贏得標案,每一家有意願競標的廠商,無一不使出渾身解數來寫企劃,因為,只要辛苦這幾週,只要贏得第一名,就能賺到幾百萬或上千萬元的政府訂單,投資報酬率很划算啊!!

　　拿到標案後，才是「執行咖」登場，此時，公司已經獲勝得標，不再有競爭，接著就只是面對主辦單位而已，執行時間甚至有好幾個月、半年、一年、甚至一年半或二年，如此充裕的執行期，有經驗的「執行咖」只要把每一個階段時程顧好，隨時跟主辦單位的承辦人回報，辦理應有的開會，只要把自己當成公務員思考，把專案進度穩定或超前，基本上，「執行咖」幾乎可以朝九晚五上班，即使同時執行兩個以上專案，概念都差不多，問題不大。

　　以上「企劃咖vs.執行咖」的兩種人生，差異很大，我把自己重心放在「企劃咖」，同時身兼「執行咖」督導，因為，只有把企劃寫好，獲勝得標後，公司才會有訂單，才會有收入支付全部人才的薪資，這才是真正的硬道理。

　　上述情況可以想見，「企劃咖」三不五時要寫案，尤其是寫案後沒獲勝得標，就必須繼續寫、不斷寫，直到贏得一個標案後才可稍稍鬆一口氣，因為競爭激烈，不斷修改、再修改是常態，認為一次寫好不需修改的企劃，以為可以得標是異想天開。

　　因為截標時間迫近，所以，可以想見「企劃咖」經常必須寫到很晚，甚至熬夜寫完，壓力非常大，即使身為「執行咖」的同仁們，因暫時沒案可執行而來協助寫企劃時，也是抱著執行心態，認為把自己的部分寫完就可以下班，可以冷血地不顧其他正在寫案的「企劃咖」夥伴，經常是司空見慣，這就可以看到辦公室內嚴重的勞務不均現象。

　　成為「企劃咖」似乎變成詛咒，「執行咖」爽爽準時下班，有時候還會戲謔的嘲諷「企劃咖」，這讓辦公室氛圍變得詭譎。

　　曾經有一位「執行咖」同仁 Sa 愛當大姊頭，對於經常寫企劃留得很晚的「企劃咖」年輕同仁們〝深感同情〞，認為公司在凌虐，故經常利用午休時間，將這群年輕「企劃咖」同仁邀出一起用餐，然後說東說西試圖影響，目的當然是滿足 Sa 自我英雄的被崇拜感，最後導致年輕同仁們前前後後離職。

　　回首來時路，「執行咖」夥伴們的心態，算是得了便宜還賣乖，大多時間都能準時上下班，看到「企劃咖」辛苦付出，沒有好好感謝公司、感謝這群夥伴，反而因個人滿足當意見領袖的自私心，扮演挑撥離間的壞角色。試想，沒有「企劃咖」辛苦付出得標獲勝，「執行咖」那有執行項目？更遑論哪來的收入支付薪資？事實上，如此負面自私心態，當時就應該快刀斬亂麻處理，因為當負面效應擴散後，可能就難以回天。

　　為解決這樣的難題，甚至聘請在大學擔任高階主管、也有自行創業經驗的人資顧問 C 協助，C 是以小時計、費用不輸律師的諮詢費，但，經過多次討論仍難解決，主要是我們辦公室是開放空間，大家彼此會看到自行下班的情況，除非彼此用高隔板，或用不同的樓層或辦公空間，否則難解，在這大的開放辦公空間，總是「企劃咖」留到最晚，不停的趕標案企劃，這群夥伴們心裡當然不是滋味。

　　曾經參觀過較大規模的機構，確實都是依據專業分工在不同的辦公區域，我過去任職的大型機構也是如此，但，專做政

府標案的企業，通常規模都在 50 人以下，經常標案的公司有
些甚至在 10 人左右或少於 10 人，別看此類公司人員少，其產
值多可達數千萬、甚至數億元，尤其對新創公司而言，算是表
現不凡。

我也曾經私下探詢其他同業的作法，多半也是類似情況，
也有些採分組，「企劃咖 vs. 執行咖」綜合辦理，讓標案企劃
與執行從一而終，都是同一人，但，這樣的作法將可能導致企
劃品質不穩定，因為厲害的企劃去執行，其他年資淺的同仁，
不見得寫企劃案可以贏，還有，可能使人員負荷過重，據所知，
此類公司的人員流動量不小，大概只有主管級的人待的久，年
資淺的人員流動量頗高。

回首來時路，相信這個議題應該仍是政府標案公司的議
題，如何穩定軍心，依據功能屬性讓辦公室勞務分配合情合
理，最重要的是，能夠培養人才與留才，這些年來已有一番深
刻的心得，因為本書主要探討政府標案與得標訣竅，未來如有
機會，將再予以分享。

特斯拉 Tesla、Paypal、SpaceX 創辦人 ──

　　　　　　伊隆 · 馬斯克（Elon Musk）


如果某件事情的重要性毋庸置疑，即使全世界都不
站在你這一方，你依然得堅持下去。

第七章

# 徹底覺悟
# 從選案決勝負

# 7-1　探索自我非常重要
　　除認知優勢外
　　也要好好選擇投標領域

　　還記得前面章節提到，當沒有拿到標案時，為生存衝營收，反而變成一直投標、甚至進入瘋狂亂投……，只要看起來好像有把握能寫，就去嘗試，殊不知寫一本企劃所耗費的時間，才是最珍貴的。

　　連續九個月沒拿到標案，確實是一個很大的打擊，不知道怎麼辦、也不知道該如何，這些情況在前面章節有提過，即使有心目中期待甚高的強將加入，最後仍然翻車，一個標案也沒贏，後來，回到原點，還是由我自己帶企劃。

　　自己開始帶企劃後，沉下氣指揮同仁詢問承辦人，才發現之前許多標案在投標時，並沒有好好研究調查，先行評估競爭？確認自己是否有優勢？標案是否可行？尤其是評估可能潛在的競爭對手，以及判斷此案我們可以爭取的資源，結果就「盲目自信」的亂投標一堆案子，每一本都是看起來排版精美、封面亮麗的企劃書，但，實質內容乏善可陳，連我自己都

覺得內容不佳，試問，該企劃怎麼可能獲勝？

由於每場簡報幾乎都是我親自上戰場，主要是以前就經常演講、主持，自認口齒清晰流利，足以應付評審全部問題，事實上，在短短的十或十五分鐘內，就要回答評審全部的問題，有時候一個評審就問十個問題，不要小看處理的技巧，因為這些回答都關乎輸贏，只要評審覺得你的回答有解決他們心中的疑惑，就有機會贏，此外，透過評審的態度及詢問的內容，對於是否可能獲勝，當場也能感受判斷，這樣的精準判斷力近乎八九不離十，此乃多年經驗的累積所致。

因為上述統問統答的經驗豐富，所以，我簡直儼然已成為「評審問題」活字典，猜題非常精準。甚至透過評審現場意見與提問，就大致可以判斷我們團隊是否可以得標？連公司裡的資深同仁，對於我這樣的技巧，至今都讚嘆不已，由於深刻瞭解評審會在意的標案，反過來思考，透過此內涵，就能推敲自己的服務建議書要寫好的關鍵重點為何？怎樣才能把重點寫好？有哪些要補強？

十多年下來，本人已累積數百個以上政府標案戰鬥經驗，看過無數評審，歷經無數競爭對手，現在只要看到標規，幾乎都能「反射動作」直覺判斷是否有贏面？是否要投標撰寫？可能會有哪些競爭對手？要如何跟這些明確或潛在的競爭對手戰鬥，怎樣才能寫好，幹掉競爭對手並贏得標案？

當看到一個自己有把握可以下手寫的標案時，關於上述的問題，是遇到標案時，一定要做自我優勢與劣勢分析，好好審

視自己很重要，其次的考量還有毛利、成本估算，下游廠商的議價及配合……等，當然，還有一個更重要的議題，那就是自己有沒有熱情願意投入？這種「熱情」關乎長遠發展的評估，此領域的年度標案數量？是否還有其他可能政策發展的可能？

事實上，這個篇章的主題很重要，也是目前我開實體課程講授時，一定會帶著學員們熱烈討論的話題，我的學員幾乎都是創業家，不少更是曾在其他專業領導型的機構任職且表現優異，然後出來創業。通常，遇到這類議題時，我都是扮演消防隊的角色，不斷的「澆冷水、潑冰水、再澆冰桶……」，對這群各專業領域的菁英們不斷打槍，澆熄他們一些莫名的理想主義，不斷的把他們聚焦拉回到自己真正的專業領域，因為他們沒有標案經驗，不清楚標案競爭的險惡，莫名的熱情理想反而不切實際。最後，就會漸漸地把他們的意念聚焦回來，並找到他們應該去投標的領域及標案。

目前本人已練就無數得標「心法」，並將之融入在教學課程或諮詢顧問的服務裡，希望日後可以幫助仍在探索政府標案的企業或創業家，當然，更期待未來能跟大家多多交流、彼此切磋。

# 7-2 挑案開始贏一半

　　承載上述經歷，本人心得就是，挑案非常、非常、非常重要（很重要，所以要說三次），千萬不要執著自己熟悉，甚至自己直觀想要投入或喜歡的領域，那不一定會讓你們團隊獲勝得標，舉例影片製作公司，儘管此類屬性標案很多，但，往往一個標案公告後都是 10 家、有時 20 多家以上投標競爭，戰況激烈，甚至於衍生每家公司的簡報時間只限 5 分鐘（因太多家競標，評審快沒有耐性了），這麼多的廠商競爭，評審也一定會拉高標準，想要贏，真的非常不容易。

　　誠心建議各位想要投入政府標案的看官們，應該要參考自己熟悉、但很有贏面的領域，到底是哪些領域？大家可以漸漸拓展，逐漸找尋，我們自己也是歷經摸索後，開拓出自己的天地。

　　畢竟政府標案是從有政府以來，就行之有年的領域，想一想應該累積無數執業經驗幾十年的中小企業，初出茅廬的標案小白，想要一開始就打敗這些標案老鳥，並不容易，這跟非洲

草原的生態一樣，體態還小的幼獅，想要一下就跟成年強壯的獅子搶獵物，何其容易？所以，我常建議學員，要量力而為，雖然有本人教導與支持，但是，不要馬上就去挑戰自己沒把握的標案，這樣只是「硬碰硬」，當自己的體格還沒操練好，就急著跟老練強壯的獅子搏鬥，只會換來一次次的挫敗，何苦來哉？不如找這些老練獅子不屑的案子來練身體，把口碑商譽先建立起來，漸漸挑戰中案、大案，才是腳踏實地的成功之道！

在本人的悉心調教、傳授心法後，當可以加快進程，少走許多冤枉路，有經驗老道的教練教導，確實可加快獲得冠軍的機會，這跟運動競技場概念類似，有優質教練指導，運動表現當然有差，毋庸置疑～

總而言之，摸索探尋自己的投標領域，是一個歷程，我們走的很辛苦，相信其他不少公司也是如此，甚至還在受此折磨，畢竟，沒有獲勝標到案，對公司團隊很傷，負責人或高層一定會想爭口氣，就會不斷投標再投標，這樣的歷程容易迷失自我，每次寫案也都很折磨人心。

好好評估自己、標案、潛在競爭對手……等，挑對案、挑對方向，初步就已贏其他人一半，把時間節省下來，能做很多事，標案還很多，每一天都有新案上政府電子採購網，真的不需愁煩，把眼界放大，各鄉鎮、各縣市的標案還很多很多，不用只糾結、單顧自身的縣市標案，眼界放大就海闊天空。

如果直接對打不易，那就養精蓄銳練好功夫，用迂迴戰術，慢慢再打回自己想要的戰場，終有一天可以做到。

## 7-3  浪費生命寫大案，不如好好標小案，做好建立口碑

回首來時路，深覺人生最珍貴的是時間，任何浪費寶貴時間的作為都不值得，若評估一個標案可能會有很多廠商競爭，或原來執行的廠商表現優良，評選時原廠商優勢強……等，評估後要贏得勝利不容易，加上此領域並非自己很熟悉或想攻佔的方向，那麼，建議就不要投標。

把時間省下，不再思考一本難以得標的企劃，花時間好好去寫另外一本可能得標的服務建議書，是更實在的方向。

尤其初出茅廬的公司，自我感覺良好、信心十足，都在看距離自己比較近的縣市標案，羽毛剛長沒多久就想跟標案強手競爭，真的會只是落個砲灰角色，那麼，還不如好好去其他縣市或鄉鎮，去標一個小案，比較容易得標，然後，好好執行，累積政府標案的經驗與實績，一步步把自己的實力養好，口碑作出來，政府標案圈子小，有時候鄉鎮的公務員會到縣市，甚至可能到中央單位服務，或者，他們在開會時，也都會聊自己

辦理的專案、目前執行廠商是誰⋯⋯等話題，有時候，自己公司說不定就這樣被推薦，而被邀標。

好好寫小案，得標後把案子執行好，做好口碑，野心不是壞事，但，如果一直寫中案、大案，卻屢戰屢敗，失去的是寶貴時間與同仁的信心，燒掉自己的資金，如果一直找不到方向，那麼，主事者（創業家）一定要冷靜沉穩，好好獨處、冷靜思考，切勿急躁，以免軍心大亂，病急亂投醫，結果，胡亂找的藥方可能使得病情更嚴重。

我經歷過上述的苦，如果這種痛對所有讀者，能有一些些警惕，不要重蹈覆轍，那麼，這本書就算彰顯它的意義了。

**知名美國主持人和電視製作人— 歐普拉·溫芙蕾**

**（Oprah Winfrey）**

◊ 人生最大的秘訣，就是根本沒有任何秘訣。無論
　你的目標為何，只要你願意努力，就能達到目標。

◊ 失敗是抵達卓越的另一個踏腳石。

第八章

# 好好寫服務建議書（企劃書）把握輸贏關鍵決勝負

# 8-1 標案起手步：確定主辦單位，嚴謹分析與調查標案，越深越好

決定要寫好服務建議書，首要關鍵就是先研究主辦單位，深度瞭解標案主題，千萬不要小看簡短幾個文字，其實，許多的關鍵成敗因素，都在這些文字裡，但，卻容易讓一些寫手輕忽。

搜尋「政府電子採購網」，找到新北市政府於西元 2024 年 2 月 7 日公告「2024 九份紅燈籠祭」，此案發包的主辦單位是「新北市政府觀光旅遊局」，這是局處大單位，往下看真正（內部）的主辦單位應為旅遊行銷科，聯絡人（承辦人）是余小姐／李小姐。

圖表 8.1

| 機關資料 | 機關代碼 | 3.82.30 |
|---|---|---|
| | 機關名稱 | 新北市政府觀光旅遊局 |
| | 單位名稱 | 旅遊行銷科 |
| | 機關地址 | 220 新北市 板橋區 中山路1段161號26樓 |
| | 聯絡人 | 余小姐/李小姐 |
| | 聯絡電話 | (02) 29603456 #4085/4122 |
| | 傳真號碼 | (02) 29646485 |
| | 電子郵件信箱 | Aj5533@ms.ntpc.gov.tw |
| 採購資料 | 標案案號 | 1130174461 |
| | 標案名稱 | 2024九份紅燈籠祭 |
| | 標的分類 | 勞務類<br>97 - 其他服務 |
| | 財物採購性質 | 非屬財物之工程或勞務 |
| | 採購金額級距 | 公告金額以上未達查核金額 |
| | 辦理方式 | 自辦 |
| | 依據法條 | 採購法第22條第1項第9款 |

資料來源：政府電子採購網

　　「2024九份紅燈籠祭」的「預算金額」為 275 萬元，「後續擴充」有 25 萬元，代表此案的真正預算應該有 300 萬元。

圖表 8.2

| | |
|---|---|
| 本採購是否屬「具敏感性或國安(含資安)疑慮之業務範疇」採購 | 否 |
| 本採購是否屬「涉及國家安全」採購 | 否 |
| 預算金額 | 2,750,000元 |
| 預算金額是否公開 | 是 |
| 後續擴充 | 是 |
| | 依政府採購法第22條第1項第7款，須敘明後續擴充之期間、金額或數量：<br>金額為新臺幣25萬元 |
| 是否受機關補助 | 否 |
| 是否為政策及業務宣導業務 | 否 |

資料來源：政府電子採購網

「2024 九份紅燈籠祭」的「截止投標」為 2 月 22 日下午 5 點 (17：00)，若以 2 月 7 日公告日來反推，也就是說，此案提供可以撰寫的時間有 15 天，看似充裕，但，扣除 2 月 8 日到 2 月 14 日期間的春節年假（共 7 天），事實上，此案實際撰寫的時間僅僅只有 8 天而已，其中甚至還包含週六、週日，如要寫好此案，有時候，提前銷假上班來寫，是司空見慣的常態。

記得上述曾經談過的「企劃咖 vs. 執行咖」的議題，在這個標案就可以明明白白一覽無遺，所有的爭議完全浮上檯面，執行咖可以休農曆年大假，難道「企劃咖」就是活該倒楣？試問，到底是誰在幫公司爭取訂單、爭取營收，讓公司能夠繼續生存或擴大？企劃咖必須在這短短的 8 天壓縮產出一本具有競爭力的標案服務建議書，並還要贏得競爭，此壓力之大可以想見，同時也可理解 2024 年的春節年假，企劃咖過得如何可想而知。

至於「開標時間」為 2 月 23 日下午 3 點 (15：00)，係指該時間乃審查資格文件是否符合？廠商提供的文件是否有瑕疵？這時也會知道有幾家廠商競標。

圖表 8.3

| 截止投標 | 113/02/22 17:00 |
|---|---|
| 開標時間 | 113/02/23 15:00 |
| 開標地點 | 220新北市板橋區中山路1段161號26樓2601會議室 |
| 是否須繳納押標金 | 否 |
| 是否須繳納履約保證金 | 否 |
| 投標文字 | 正體中文 |
| 收受投標文件地點 | 220新北市板橋區中山路1段161號26樓觀光局秘書室 |

資料來源：政府電子採購網

　　接著，就要立刻調查此標案是否為第一次發包？如果是首次發包，代表主辦單位先前沒有辦理過，就不會有現任廠商的"執政優勢"，代表新進廠商有機會。作法就是用關鍵字「九份紅燈籠」來搜尋歷年的標案。目前「政府電子採購網」可以一年一年搜尋，查詢後會發現去年、前年、歷年都查不到同名的標案，如下圖所示：

圖表 8.4

| 招標查詢 | 決標查詢 | 全文檢索 | 公告日期查詢 | 機關名稱查詢 | 標的分類查詢 | 招標公告地圖查詢 | 財物出租查詢 |
|---|---|---|---|---|---|---|---|

列印領標憑據

## 全文檢索

全文查詢　九份紅燈籠祭

標案種類　☑ 招標 ☑ 決標 ☐ 公開閱覽及公開徵求 ☐ 政府採購預告

排序欄位　招標公告日期　▼

查詢範圍
- ◉ 113年1至12月 ○ 112年1至12月 ○ 111年1至12月 ○ 110年1至12月
- ○ 109年1至12月 ○ 108年1至12月 ○ 107年1至12月 ○ 106年1至12月
- ○ 105年1至12月 ○ 104年1至12月 ○ 103年1至12月 ○ 102年1至12月
- ○ 101年1至12月 ○ 100年1至12月 ○ 99年1至12月 ○ 98年1至12月
- ○ 97年1至12月 ○ 96年1至12月 ○ 95年1至12月 ○ 94年1至12月
- ○ 93年1至12月 ○ 92年1至12月 ○ 91年1至12月 ○ 90年1至12月
- ○ 89年1至12月 ○ 88年1至12月

檢索設定　☐ 同音 ☐ 容錯　　　　　每頁筆數　100

查詢

資料來源：政府電子採購網

　　這時候，看官們千萬不要掉以輕心，雖然大多數情況政
府標案都是複製、貼上處理，原則上，標案名稱變動不大，
以方便政府機關的歸檔與日後查詢，但，也有可能此案名稱
已變動，主辦單位（新北市政府觀光旅遊局）以另一個名字
來發包，今年仍可能是延續性專案，所以，此時一定要另到
Google 查詢打入關鍵字「九份紅燈籠」，會發現 2023 年已經
有辦理，如下圖所示：

圖表 8.5

資料來源：新北市政府觀光旅遊局

　　在「**2023 九份紅燈籠祭**」官網裡，可以看到「執行單位：可睿創意整合有限公司」，這代表該公司取得此案的執行，那就代表去年有公告發包此標案，所以，就必須繼續再用「可睿創意整合有限公司」查詢，就會找到原來 2022 年此案是以「**九份山城提燈趣遊**」名稱來發包，如下圖所示：

圖表 8.6

公告日: 111/09/27

| 機關資料 | 機關代碼 | 3.82.30 |
|---|---|---|
| | 機關名稱 | 新北市政府觀光旅遊局 |
| | 單位名稱 | 旅遊行銷科 |
| | 機關地址 | 220 新北市 板橋區 中山路1段161號26樓 |
| | 聯絡人 | 陳小姐/李小姐 |
| | 聯絡電話 | (02) 29603456 # 4076/4122 |
| | 傳真號碼 | (02) 29646485 |
| 已公告資料 | 標案案號 | 1111622896 |
| | 招標方式 | 經公開評選或公開徵求之限制性招標 |
| | 決標方式 | 準用最有利標 　　　　　採購評選委員名單 |
| | 新增公告傳輸次數 | 01 |
| | 是否依據採購法第106條第1項第1款辦理 | 否 |
| | 標案名稱 | 九份山城提燈趣遊 |
| | 決標資料類別 | 決標公告 |

資料來源：政府電子採購網

　　此案第一名順位的得標廠商為「可睿創意整合有限公司」，同時也可以看到第二名廠商為「吼創意有限公司」、第三名廠商為「傳動數位設計印刷有限公司」，如下頁圖所示：

圖表 8.7

| 得標廠商1 | |
|---|---|
| 得標廠商 | 可睿創意整合有限公司 |
| 參與評選 | 是 |
| 評選序位或總評分 | 1 |
| 預估需求數量 | 1 |
| 得標廠商原始投標金額 | 3,000,000元<br>參佰萬元 |
| 決標金額 | 2,900,000元<br>貳佰玖拾萬元 |
| 底價金額 | 2,900,000元<br>貳佰玖拾萬元 |
| 原產地國別 | 原產地國別 中華民國(Republic of China (Taiwan))<br>原產地國別 2,900,000元<br>得標金額　貳佰玖拾萬元 |
| 未得標廠商1 | |
| 未得標廠商 | 吼創意有限公司 |
| 是否合格 | 是 |
| 標價金額 | 3,000,000元<br>參佰萬元 |
| 未得標原因 | 資格、規格合於招標文件但非最有利標或最優勝廠商 |
| 參與評選 | 是 |
| 評選序位或總評分 | 2 |
| 未得標廠商2 | |
| 未得標廠商 | 傳動數位設計印刷有限公司 |
| 是否合格 | 是 |
| 標價金額 | 3,000,000元<br>參佰萬元 |
| 未得標原因 | 資格、規格合於招標文件但非最有利標或最優勝廠商 |
| 參與評選 | 是 |
| 評選序位或總評分 | 3 |

資料來源：政府電子採購網

087

　　上述的相關查詢，應該要不斷的進行，並針對「可睿創意整合有限公司」歷年得標案件，來看他們的表現，以利評估可能的競爭對手，當然，一定也要查詢第二名的「吼創意有限公司」、第三名的「傳動數位設計印刷有限公司」，那麼就會更清楚此案去年的競爭情況，以及競爭對手們的實力與能耐。

　　接下來，要評估評審背景，關於評審概念在後面章節會詳細說明。此案共七位評審，其中三位外部評審、四位內部評審，但，其中一位內部評審缺席，代表此案外部、內部評審為五五波，如下圖所示：

圖表 8.8

| 最有利標 評選委員 | 項次 | 出席會議 | 姓名 | 職業 | 與採購案相關之學經歷 |
|---|---|---|---|---|---|
| | 1 | 是 | 賴祥蔚 | 國立臺灣藝術大學教授 | 經歷1：<br>服務機關(構)名稱：中國文化大學(大眾傳播學系)<br>職稱：助理教授<br>所任工作：媒體經營管理、廣告內容 |
| | 2 | 是 | 鄭佳昆 | 國立臺灣大學副教授 | 經歷1：<br>服務機關(構)名稱：中華民國戶外遊憩學會<br>職稱：專案研究員<br>所任工作：景觀遊憩相關專案計畫執行 |
| | 3 | 是 | 劉上嘉 | 輔仁大學學校財團法人輔仁大學教授 | 經歷1：<br>服務機關(構)名稱：輔仁大學(企業管理學系)<br>職稱：助理教授<br>所任工作：國內外觀光規劃、餐旅服務業行銷管理、地方特色產業規劃、原住民部落推廣規劃相關授課 |
| | 4 | 是 | 蔡雅雯 | 公 | 經歷1：<br>服務機關(構)名稱：新北市政府觀光旅遊局<br>職稱：專員<br>所任工作：綜理科務 |

| 5 | 是 | 莊榮哲 | 公 | 經歷1：<br>服務機關(構)名稱：新北市政府觀光旅遊局<br>職稱：副局長<br>所任工作：綜理觀光旅遊局業務 |
| 6 | 是 | 王國振 | 公 | 經歷1：<br>服務機關(構)名稱：新北市政府觀光旅遊局<br>職稱：主任秘書<br>所任工作：綜理觀光旅遊局業務 |
| 7 | 否 | 蔡佳爭 | 公 | 經歷1：<br>服務機關(構)名稱：新北市政府觀光旅遊局<br>職稱：專員<br>所任工作：綜理科務 |

資料來源：政府電子採購網

　　瞭解前廠商的資訊非常重要，如果最後決定投標，「可睿創意整合有限公司」非常可能今年會來投標競爭，甚至去年參與競爭的「吼創意有限公司」、「傳動數位設計印刷有限公司」也都可能捲土重來，一起參與競爭，畢竟，未得標的兩家廠商曾寫過此案，可能 2023 年觀察研究原得標廠商「可睿創意整合」的執行情況，若該廠商執行不佳，或有被主辦單位或九份當地業者詬病，則先前未得標廠商，在今年好好修正內容（把先前評審意見寫好），然後自己先前寫的企劃"套版"，說不定，今年可獲得評審青睞，因此得標。

　　根據本人觀察，2022 年發包的「九份山城提燈趣遊」與 2024 年發包的「2024 九份紅燈籠祭」屬同案，故這次標案實質辦理，乃邁入第三年，本人調查原執行廠商的歷年競標紀錄，並非常勝軍對手，所以，可以考慮將此標案納入投標範疇。

# 8-2 深度推敲服務建議書 (企劃書) 的決戰關鍵點

實際下載「2024 九份紅燈籠祭」標規，可以看到「05_邀標書 ( 核定 )」檔案，打開後的內涵如下：

---

「 2024 九份紅燈籠祭 」
邀標書

壹、計畫緣起及目的：

九份以依山傍海之山城為名，加上紅燈籠的點綴使該地於國際上具有一定辨識度，更是深受國內外旅客喜愛之熱門觀光景點。 為強化九份特色，藉由當地傳統火把節的轉型，以「九份紅燈籠」意象融合祈福意涵，設計提燈遊程路線、造景打卡點，深度認識當地文化故事，並與在地商圈店家合作打造特色品牌、行銷九份，加深當地特色亮點，將九份獨特的新品牌與產業價值持續發展。

貳、履約期限：

廠商應自決標日起至 113 年 6 月 30 日之期間內履行採購標之之供應。詳如本採購案契約書第七條。

參、採購金額：

一、 本案預算金額為新臺幣 275 萬元整，並保留未來後續擴充之權利新臺幣 25 萬元整，是否擴充視機關需求為準。

二、 投標廠商得尋求贊助商，惟合作廠商名單及合作模式應經機關同

---

意，但不接受違反法律規定或香於廠商，並於結案報告提供經
第三方機構審核後之贊助金額資料；若合作廠商提供實品，該實
品金額之認定以廠商所提之預算內容為準，惟贊助單位權益之
規劃，應考量合理性、衡平性及社會觀感，機關對贊助規劃並保有
最後之決定權。

肆、委託工作內容：

一、活動日期：113 年 4 月 19 日起，至少 21 日（預計時間，實際活動日期
依本機關需求進行規劃）。

二、預定展區：昇平戲院前、九份老街週邊道路（或其他適宜位置），場
地如需租用、借用等延伸費用，由本案預算支出。

三、展出主題或方式：以「九份紅燈籠」為特色主軸，以打卡點營造、遊程
、點燈儀式等多元方式，推廣體驗觀光並增進本市觀光效益，並可提
出其他創意視覺效果和體驗之方案，內容與執行方式由廠商規劃，
經機關審查同意後執行。

四、企劃及執行配合事項：

（一）打卡點營造：

1. 廠商應至少規劃 4 處（包含：豎崎路小公園、五番坑公園、
金山岩兩側、臺陽停車場等（如圖1）），以可提供民眾拍照打
卡之亮點模式營造，其中至少有一處為可與民眾互動之裝置，
並設計裝置物中英文對照說明且須加固，其製作所用之設計
、媒體素材之全部權利屬機關所有。

2. 輕便路（昇平戲院至五番坑公園路段）須有光環境設計。

3. 展出期間至少 21 天以上（確切日程依本機關需求進行調
整）。

4. 作品設置應考量民眾參觀動線，廠商須自行量測並負責整體
裝置位置擺放規劃並配合機關保留調整彈性。

5. 展出作品及設備於現場施作及展示期間內應由廠商維護管理
，如有故障或損壞，廠商須於接獲機關通知後 24 小時內至現
場維修完成，除有特殊情況無法 24 小時內修復之狀況，應告
知機關並經機關同意後於 2 天內或機關指定完成日前完成維
修，修復完成後均應回報本機關。

6. 廠商需於展示開始 3 日前完成各樣裝置物裝設施工，並函報
本機關備查。

7. 施工階段請注意工作人員安全，以及進行一般民眾進出之管
制，並依據職業安全衛生之相關規定辦理。

8. 作品及設備設置須有地坪保護措施，避免場地受損，如需拆
除，廠商亦須負責裝置之拆卸及場地復原，廠商於進場時應
將場地內設施等現場原貌拍照存證，各場地如原設施因廠
商施作、展示拆卸過程中有損壞，或無法證明設施非由廠商
施作或展示拆卸過程中有損壞，由廠商負賠償責任。

9. 各項作品與設備若依相關建築、消防法令需進行相關許可文件之申請或須經主管機關核可者，請廠商先於工作會議向機關提出所有申請文件，並於活動前 10 日完成申請程序。

10. 本案展品可依需求於雙方合意下保留展品，如需拆除，應於展期結束後 5 日內應完成撤除及場地復原並拍照存證。

（二）點燈儀式（記者會）：

廠商須規劃辦理 1 場記者會，包含記者會現場硬體設備及布置（場地設計、音響、燈光）、記者會議題設計、主持人、記者邀請、記者會流程、採訪通知、新聞稿、長官致詞稿等及人員配置，並應包含記者會主持人事先現場彩排，視機關需求現場應配合提供長官致詞逐字稿。

1. 點燈儀式現場人力配置：應包含至少 10 名工作人員。

2. 廠商需於服務建議書提出活動期間如遇天氣不佳時之雨備方案。另若遇中央氣象局發布海上、陸上颱風警報、或超大豪雨特報，其警戒範圍包含活動場地時，為維護場域及人身安全應提出應對機制。

3. 活動主視覺設計 1 式：尺寸依實際需求設計，呈現方式提送機關審查後辦理。

4. 活動立牌之視覺輸出至少 8 式：尺寸至少 90*180cm 且須有加固裝置或採用堅固材質避免強風吹倒，機關可於輸出內容中增加活動資訊（例如：會場指引、辦理時間等），實際數量得依機關需求調整。

5. 工作人員識別證、媒體證、貴賓證之視覺輸出：尺寸為 15*9.5cm（誤差範圍 0.5cm），每項至少 50 份，並含吊繩、證件套等。

6. 手拿牌之視覺輸出：尺寸至少為 35*35cm（實際尺寸由機關核定），輸出至少 4 式。

7. 特色伴手禮：提供開幕儀式上之貴賓、媒體伴手禮，至少 150 份。

8. 邀請卡：尺寸大小至少 18*12cm，至少 50 份。

9. 電子海報、網頁 Banner 之主視覺輸出：提供機關於電子看板、電視牆及相關推播管道推播之電子海報，其中尺寸需求應配合機關調整。

10. 廠商應提供點燈儀式過程照片、影片紀錄（含空拍）各 1 式予機關進行社群媒體露出，空拍相關申請請依規定辦理，為配合機關發稿作業需要，依機關指定時間即時提供。

11. 其他辦理活動所需之雜項印刷品之視覺輸出，如指示牌、場域標示等。

（三）提燈遊程：

1. 廠商規劃至少 2 條遊程路線供民眾可提燈遊覽，並應準備參與民眾之提燈，並應有備品現場供應。

2. 展期間規劃遊程至少 160 人次，需包含至少 1 團媒、部落客或
   KOL 的踩線團，其名單應經機關同意後方得執行。
3. 遊程需由在地導覽人員帶領，進行九份地區導覽解說。
4. 廠商應規劃遊程之報名辦法（可現場報名或線上報名，機制
   由廠商規劃），經機關同意後方得實施。
5. 廠商需設計供民眾提燈遊程燈籠，於服務建議書及評選會議簡
   報中提出相關創意規劃（設計圖說、尺寸、材質等），相關設計
   及製作權利全部屬於機關。

（四）燈籠整備：

1. 廠商應整備暨崎路及昇平戲院前廣場、輕便路（如圖 2）之現
   有燈籠（包含增加密度或整修），至少 350 盞，燈籠材質以耐用
   為原則，燈籠之「九份」字樣請書法家或設計師設計尤佳，並於
   服務建議書中提出，實際路線與數量依現場勘後實際需求為準，
   機關得於廠商同意之範圍調整整備路線及燈籠數量。
2. 廠商需清除整備燈籠後之老舊電線。
3. 涉及九份店家或住戶之施作，應獲得所有權人同意。

（五）行銷宣傳計劃：

1. 廠商得提出創意行銷方式（如：Cosplay 或旗袍等特殊打卡方
   式、商圈合作之議題行銷）於網路及實體通路作行銷曝光及宣
   傳，例如：部落客文章、社群網站行銷、旅遊網站行銷、平面媒
   體行銷、影音短片宣傳…等實質推廣內容，經本局同意後執行。
2. 廠商須提出宣傳影片 1 式，至少 30 秒，並於活動前 14 日提交
   A copy，並得配合機關需求調整。活動結束後 5 個日曆天內提
   交成果紀錄影片 1 式，至少 60 秒，並須配合機關需求調整。
3. 廠商需配合本機關需求提供至少 2 篇以上新聞稿。
4. 因本案所衍生之各式文宣物品設計、完稿、製作，如海報、活動
   宣傳單等（但不限），廠商可依活動需求規劃可達到宣傳效果
   之製作物，經本局同意後執行。

五、履約管理及執行：

（一）執行企劃書：承商應自決標日之次日起 14 個日曆天內提送
   執行企劃書一式 5 份（含策劃概念、呈現形式、設計圖說、
   尺寸材質或其他規格、裝設地點及民眾動線、整體規劃及場
   地配置圖、現場示意圖或模擬影片、合作單位名單、推廣活
   動規劃、行銷及點燈活動規劃、執行時程、工作人員安排、
   經費預估（廠商應詳列單價之組成）、安全管理維護計畫）
   供本局審查，所有內容均須經機關審核同意後執行，另應於
   每次接獲本局書面審查意見之次日起 7 個日曆天或機關通知
   日內提送修正後之執行企劃書供本局審查。

（二）履約標的之執行為決標日起至 113 年 6 月 30 日止，並依主辦

單位規定完成各項活動內容及進撤場作業。

（三）大型活動自主檢核事項：

1. 本案屬於大型活動，廠商應依照「新北市政府所屬各機關學校辦理大型活動安全管理要點」規定配合機關審查作業時間，於活動舉行前二十日報請本機關備查。

2. 審查項目如下：

（1）大型活動方案說明。

（2）大型活動安全工作計畫。

（3）投保公共意外責任保險證明文件（可經機關同意後先行提供要保資料，並於活動開始日前補送保單正本）。

（4）與場所管理者簽訂之安全約定。

（四）成果報告書：承商須於全案執行完畢之次日起 20 個日曆天內提交成果報告書（含電子檔）一式 5 份及各式設計圖資光碟、活動照片送本局審查，由本局以書面或召開審查會方式辦理驗收。

六、相關電力配合事項：

（一）燈飾懸掛不得影響行道樹正常生長及維護作業。

（二）接地線使用綠色，增加識別性，並將鎖頭電線鎖緊。

（三）如設置電箱，外圍應增設圍籬，電線並應避免綁在行人走道側，降低電線受損或人員觸電等危險性。

（四）跨走道的電線應安裝線槽，並貼上提醒標誌，增加安全性。

（五）本案所需電力如須使用發電機，需進行美化設施並加設警示措施，避免發生危險。

（六）本案展期間之供展覽所需之申請用電、加分電錶、發電機設置等相關費用由本案預算支出。

伍、廠商注意事項：

一、廠商於執行本案之相關文字、圖片等文宣資料，不得侵犯他人著作財產權。

二、本案如涉及智慧財產權者，除法律或契約另有規定外，由本機關取得全部權利。

三、本案展出期間須考量人為破壞或公共安全，並應維護燈飾、作品，提出安全管理維護計畫，作品設置設計與施作期間所需之相關安全說明。（包含颱風天因應方式、維護週期及方式、卸除等），並於展出期間須提供 2 名以上維護人員之聯絡方式，作為緊急聯繫及負責展期間作品之維護。

圖 1 應規劃打卡點位置

圖 2 燈籠整備路線圖

資料來源：政府電子採購網 / 新北市政府觀光旅遊局

　　以上是從「政府電子採購網」原汁原味下載呈現的內容，原文字僅黑白色，所以，我把此案之"關鍵輸贏"重點以藍色、紅色額外標註，紅色部分一定、一定、一定要寫好（因為很重要，所以說三遍），而且要寫得非常好，才有機會獲勝得第一名，其次為藍色部分，剛開始要寫時，建議一定要到九份現場場勘，可以的話，務必找到在地商圈、發展協會或相關社團法人的理事長、幹部，以及重要的商家業者拜會，如果能取得顧問等身份的「合作意向書」更理想，如此，除可以好好瞭解 2023 年原得標廠商的執行情況，還可藉此把改善作法，強調在自己的企劃書裡。

　　此案首要必須將「打卡點營造」（各區）規劃設計好，此案設計美感非常重要，本身公司團隊無平面設計師，建議直接放棄此案，如要天真的想利用外聘設計來做，往往會因截標時程，兼職設計師參與討論少，因為本身有全職或兼職太多案源，常有一搭沒一搭的配合設計，想要得標很困難，因為此案的設計美感的比重很高，甚至外部評審委員可能就有設計背景的學者專家，那麼，一定會針對設計提問，這些是重要輸贏關鍵之一，由此案名稱「2024 九份紅燈籠祭」來看，若連燈籠規劃設計都沒辦法搞定，乾脆就連投標都不要去想。

　　其次，就是此案的記者會、行銷宣傳、遊程媒體踩線團（邀請到的對象如能明確更好），如投標團隊均有優秀的平面設計師，美感輸贏差不多，那麼記者會、行銷宣傳項目，就是讓贏家能脫穎而出的關鍵，於此，評審委員常問的就是：「此次你們的活動亮點是什麼？」。

　　活動亮點務必好好思考，成功的亮點必須進行充分的調查、分析、研究、比較，其實，創意可以很科學，例如將歷年紅燈籠、甚至各縣市燈節的話題，來做參考，或者找類似新聞，尋求創意靈感，時事性的內容也很討喜，例如今年是龍年，可考慮融入龍年議題，九份是歷史山城，也可納入思維，以接節氣、地氣。

　　關於記者會的新聞議題，因本人係新聞傳播背景出身，熟悉此門道，想要吸引媒體採訪，議題要有突出性，例如「最大」、「最小」、「最多」、「最古老」、「最新穎」……等，例如九份歷史最老、最悠久的紅燈籠，九份年紀最大的百歲人瑞長者跟紅燈籠之間的故事，或者，邀請拍電影把九份帶紅的「悲情城市」、「多桑」……等知名導演或知名演員，結合九份的故事與紅燈籠一起創造話題性……，這些議題的思考要有充分資訊蒐集，才能更好發想，總而言之，新聞話題的製造非常重要，當然，如果最後決定要邀請導演或演員，就必須能夠拿到「合作意向書」或得到口頭同意，方能提高得標的勝率。

　　此案還有一個 "快速" 瞭解輸贏關鍵的方法，那就是透過「02_ 廠商估價單（核定）」檔案裡的經費概算表（投標廠商估價單），裡面各項目都寫得清楚明白、一目了然，也可以因此確認主辦單位在意的關鍵要素，當然，經費如何呈現與配置，一般都佔分 20% 左右，所以，此表的經費編列也甚為重要。

圖表 8.9

**新北市政府觀光旅遊局**

**投標廠商估價單**

標案案號：1130174461

標案名稱：「2024九份紅燈籠祭」

單位：新臺幣元

| 項次 | 品名/規格 | 單位 | 數量 | 單價（含營業稅） | 小計 |
|---|---|---|---|---|---|
| **1.** | **打卡點營造** | | | | |
| 1.1 | 打卡點裝置設計及規劃 | 處 | 4 | | |
| 1.2 | 打卡點裝置施作 | 處 | 4 | | |
| 1.3 | 展品及相關展出設備租賃及維護至少20天以上(確切日程及展出時間依機關審查後執行) | 式 | 1 | | |
| 1.4 | 展覽後展品拆除及場地復原 | 式 | 1 | | |
| **2.** | **提燈遊程** | | | | |
| 2.1 | 遊程導覽至少160人次(含遊程2條規劃、導覽人員、工作人員配置) | 人次 | 160 | | |
| 2.2 | 遊程提燈設計及製作 | 盞 | 500 | | |
| **3.** | **燈籠整備** | | | | |
| 3.1 | 燈籠整備(豎崎路、輕便路之燈籠，燈籠材質以耐用為原則，實際路線與數量依現勘後實際需求為準) | 式 | 1 | | |
| **4.** | **行銷宣傳計畫** | | | | |
| 4.1 | 活動主視覺及各式文宣設計 | 式 | 1 | | |
| 4.2 | 媒體露出(含邀請媒體、部落客或KOL踩線) | 式 | 1 | | |
| 4.3 | 點燈儀式(含議題設計、活動內容安排、主持人、舞台設計、音響、燈光、新聞稿、記者邀請、伴手禮、致詞稿、採訪通知及會場佈置等。) | 場 | 1 | | |
| **5.** | **其他** | | | | |
| 5.1 | 保險 | 式 | 1 | | |
| 5.2 | 其他行政庶務及雜費 | 式 | 1 | | |
| | 合　計： | | | | |

附約：

本案之執行，係依新北市政府觀光旅遊局之【2024九份紅燈籠祭】採購契約條款（含投標須知）辦理，立約商並依其規定履行契約。

資料來源：政府電子採購網 / 新北市政府觀光旅遊局

　　總而言之，目前中央與各縣市跟觀光、地方創生、推廣、產業輔導、計畫、培訓、論壇……等相關的標案，或多或少都有行銷需求，因為可以讓標案產生擴大效益，也能讓社會大眾或媒體瞭解主辦單位的用心及努力，帶進行銷需求無可厚非，因此，行銷「創意」就特別重要，也常是輸贏關鍵的要素之一。

　　目前本人有一套「行銷創意『心法』」，將之融入在教學課程或諮詢顧問裡，未來希望能幫助仍在探索的企業，期待未來跟大家多多交流、彼此切磋。

## 8-3　詢問承辦人非常重要
## 深度瞭解客戶需求

搜尋「政府電子採購網」後，查到「2024 九份紅燈籠祭」發包的主辦單位是「新北市政府觀光旅遊局」，承辦人寫得很清楚，就是旅遊行銷科的余小姐 / 李小姐。

所有廠商都可以針對上述邀標書內容詢問任何問題，但，誠心建議請務必好好瀏覽推敲邀標書內容後，如有疑問，再撥電話去詢問為佳，以免讓承辦人產生不良印象。

承辦人通常對於來電詢問的廠商，都會順道一問：「你們是哪一家廠商？」此時，建議如果自己給對方的觀感不佳，詢問的內容淺薄，甚至還被承辦人奚落一番，那麼就千萬不要告訴對方你們是哪一家廠商，因為承辦人可能就坐在她 / 他的旅遊行銷科的科長前面，而科長常常會是內部評審委員之一，試想，承辦人掛上電話後，一轉頭就是科長，難道不會跟主管虧該來電廠商、嚼舌根道長短嗎？答案是「一定會！」千萬不要懷疑這點。

　　相反的，如果你很有誠意，準備充分詢問，讓承辦人印象不錯，那麼，就可以大大方方的說自己公司名稱，以利增添好印象。

　　關於此點，也不要過度期待，因為真正的決戰關鍵，還是把本質的服務建議書（企劃書）寫好，才有可能獲勝。

　　若想要跟承辦人打聽現有廠商的執行優劣，這很重要，可以作為是否要投標的參考，試問，若廠商執行優良，原主辦單位要換廠商，似乎不太容易，因為內部評審委員的票數可能都是原執行廠商。但是，想要知道這個答案要碰運氣，根據《政府採購法》的保密原則，承辦人有權拒絕說明一些與邀標書無關的內容，如果遇到保守的承辦人，可能只會說：「請參考我們的邀標書，內容都說的很清楚」。

　　事實上，詢問承辦人非常重要，因為標案有很多眉眉角角的地方，如有承辦人提點，可以避免規劃方向錯誤，或者更能明白主辦單位的重視角度。

　　截至目前為止，我們遇到大多數的承辦人，只要他們有空，都會很樂意侃侃而談，畢竟，他們也希望是一個優質的公司團隊來執行他們的標案，如此，他們才能理想的結案，若是遇到兩光或二二六六的團隊，承辦人未來應該會有寫不完的報告。所以，越愛詢問的廠商（如果問題都是一些有意義、有準備的內容），代表該廠商越有心與認真，越多優質廠商來爭取他們的標案，這是多數承辦人都樂見的好事。

## 8-4 充分調查前廠商執行 以及其歷年投標與得標情況

承上，「2024 九份紅燈籠祭」要好好思考如何與對方競爭？深度瞭解對方的優勢、劣勢？自我的優勢、劣勢？旁敲側擊瞭解。

事實上，政府標案戰場的輸贏永遠說不準，原來廠商的「執政優勢」也可能變成劣勢，因為執行不力，主辦單位也可能會換廠商，由於民情輿論用放大鏡觀望主辦單位，原得標廠商執行稍有閃失，下一次標案時，擔任內部評審的主辦單位更有可能更換現有廠商，利用正式評選淘汰現有廠商就是例證，現場內評委員最愛問：「你們之前 XXX 沒做好，請說明為何如此？……請分析過去一年你們執行的優點、缺點，你們要如何改善缺點？……」不明就裡的外部評審委員，聽到這些問題，想當然耳會受影響，瞭解該廠商並未執行好上年度的標案，想必外部評審也不會給多理想的成績。

「可睿創意整合有限公司」今年非常可能投標競爭，甚至

去年參與競爭的「吼創意有限公司」、「傳動數位設計印刷有限公司」也有可能，因為，其他未得標的廠商曾寫過此案，只需要再行優化企畫書內容即可。

　　經查，「可睿創意整合有限公司」在 2023 年標過的案子，如下圖所示，看起來是一間活動公司，在政府電子採購網的紀錄，應該是 2011 年開始標案，而且這些年來有不少案子都與燈具、燈會有關。

圖表 8.10
查詢結果

| 項次 | 種類 | 機關名稱 | 標案案號／標案名稱 | 招標公告日期 | 決標或無法決標公告 | 截止投標日期 | 公開閱覽／徵求日期 |
|---|---|---|---|---|---|---|---|
| 1 | 決標公告 | 新北市汐止區崇德國民小學 | cdps1121019 新北市汐止區崇德國民小學螢光所在財物採購統包案 | 112/10/20 | 112/11/01 | | |
| 2 | 決標公告 | 新竹縣竹北市公所 | CT20230918 2023幸福方城市生活節 | 112/09/19 | 112/10/30 | | |
| 3 | 決標公告 | 臺南市政府文化局 | TC112C155 「2024台灣燈會沙崙燈區城市副燈創作設計暨製作」藝文勞務採購案 | 112/08/18 | 112/09/27 | | |
| 4 | 決標公告 | 臺北市政府民政局 | 112348 「2023臺北水燈節」勞務採購案 | 112/08/03 | 112/08/29 | | |
| 5 | 決標公告 | 新北市樹林區公所 | B112107 2023新北市樹林紅麴文化節活動規劃執行委託專業服務 | 112/06/17 | 112/07/11 | | |
| 6 | 決標公告 | 連江縣政府 | A1121007 112馬祖秋慶系列活動-鐵板燒塔節行銷策劃執行案 | 112/06/08 | 112/07/04 | | |
| 7 | 決標公告 | 新北市政府採購處 | 1120425B 112年度烏來泰雅族歲時祭儀演變歷程特展 | 112/04/13 | 112/06/16 | | |
| 8 | 決標公告 | 新北市政府採購處 | 1120512A 草里漁港藝術策展及釣魚體驗活動 | 112/05/01 | 112/06/12 | | |

| 9 | 決標公告 | 苗栗縣政府 | 112064B「2023苗南海地景藝術節」國外藝術家駐地創作暨活動宣傳行銷執行委託專業服務案 | 112/05/02 | 112/05/29 | |
|---|---|---|---|---|---|---|
| 10 | 決標公告 | 桃園市政府客家事務局 | 112-019「客家城鄉移動主題展」委託專業服務勞務採購案 | 112/04/17 | 112/05/16 | |
| 11 | 決標公告 | 桃園市立大溪木藝生態博物館 | 112WEM-013李騰芳古宅客家主題展示設計製作案 | 112/04/27 | 112/05/12 | |
| 12 | 決標公告 | 臺北市政府客家事務委員會 | 111068S1022-2 2023台灣燈會在台北-客家主題燈區規劃執行案第二次契約變更 | | 112/01/13 | |
| 13 | 決標公告 | 臺北市政府客家事務委員會 | 1110628S0122 2023台灣燈會在台北-客家主題燈區規劃執行案第二次契約變更 | | 112/01/03 | |

資料來源：政府電子採購網

　　該公司得標的案子除 2022 年「**九份山城提燈趣遊**」以外，另外還有新北市立黃金博物館在 2019 年委託的「黃金博物館燈光視覺意象改善計畫」，以及交通部觀光局（現為觀光署）「2020 台灣燈會漫遊台灣、連接國際國慶花車維護及展出勞務採購案」，可研判該公司的燈會實力不容小覷，加上此次九份的紅燈籠直覺與燈籠有關，該公司投標與燈會相關標案不少，起碼也累積許多相關計畫書的經驗，經過那麼多場評審的挑戰，對於應付評審很有經驗，所以，對於如何寫好計畫書應有一定的實力，以及燈具設計、燈會現場活動的設計也都瞭解甚深。

　　面對此可能的競爭對手，如果自己公司本身沒燈會經驗，建議根本不要以卵擊石、螳臂當車，這樣只是在浪費寶貴時間，不如趕快去看其他標案來寫，說不定還有機會得標。

　　事實上，此案已經於 3 月 19 日決標公告，如下圖所示，看出此次標案共有 2 家廠商競標。

圖表 8.11

| 決標資料 | 決標公告序號 | 001 |
|---|---|---|
| | 決標日期 | 113/03/05 |
| | 決標公告日期 | 113/03/19 |
| | 契約編號 | 1130174461 |
| | 是否刊登公報 | 是 |
| | 底價金額 | 2,750,000元<br>貳佰柒拾伍萬元 |
| | 底價金額是否公開 | 是 |
| | 總決標金額 | 2,750,000元<br>貳佰柒拾伍萬元 |
| | 總決標金額是否公開 | 是 |
| | 契約是否訂有依物價指數調整價金規定 | 否，招標文件未訂物價指數調整條款<br>其他:勞務案 |
| | 履約執行機關 | 機關代碼：3.82.30<br>機關名稱：新北市政府觀光旅遊局 |
| | 附加說明 | |

資料來源：政府電子採購網

　　兩家廠商分別為「可睿創意整合有限公司」及「威利傳播有限公司」，如下圖所示，得標廠商是「可睿創意整合有限公司」，有趣的是，經查第二名廠商曾經得標與九份紅燈籠同一主辦單位新北市觀光旅遊局的「2023新北市平溪天燈節活動」，當時案子就只有「威利傳播有限公司」一家投標，但，在「2024新北市平溪天燈節活動」，「威利傳播有限公司」未得標繼續承辦。

　　由地理位置來看，平溪與九份非常近，這也致使「威利傳播有限公司」會去投標九份紅燈籠的標案，不難理解，因為當初在執行平溪天燈節時，這樣的地緣關係，會讓該公司有把握能把標案寫好並執行，當然，也有可能是新北市觀光旅遊局主動邀標。

　　總而言之，九份紅燈籠標案乃兩強對仗的局面，最後由「可睿創意整合有限公司」獲得第一名得標，可以確定的是，該公司先前執行九份的燈籠案，執行成效應該不差，並獲得九份在地的肯定，否則，若當初沒把標案執行好，地方人士怨聲載道，基本上，原執行廠商的服務建議書寫得再厲害，綁到燈會設計天王，也絕對不可能再次得標。

圖表 8.12

| 得標廠商 | 可睿創意整合有限公司 |
|---|---|
| 參與評選 | 是 |
| 評選序位或總評分 | 1 |
| 預估需求數量 | 1 |
| 得標廠商原始投標金額 | 2,750,000元<br>貳佰柒拾伍萬元 |
| 決標金額 | 2,750,000元<br>貳佰柒拾伍萬元 |
| 底價金額 | 2,750,000元<br>貳佰柒拾伍萬元 |
| 原產地國別 | 原產地國別 中華民國(Republic of China (Taiwan))<br>原產地國別 2,750,000元<br>得標金額　貳佰柒拾伍萬元 |
| 未得標廠商1 | |
| 未得標廠商 | 威利傳播有限公司 |
| 是否合格 | 是 |
| 標價金額 | 2,718,550元<br>貳佰柒拾壹萬柒仟伍佰伍拾元 |
| 未得標原因 | 資格、規格合於招標文件但非最有利標或最優勝廠商 |
| 參與評選 | 是 |
| 評選序位或總評分 | 2 |

資料來源：政府電子採購網

107

# 8-5 挑案時，評估自身人力物力資源，深度調查所需資源，確認可行性

評估一個標案，務必要做下列盤點：

(1) 先確認此案是不是第一次發包？

(2) 其他縣市有沒有類似的標案？因為有做過類似標案其他廠商會來競標，有可能會有不少競爭對手來競爭，不見得是好打的仗。

(3) 翔實的評估每一家競爭對手，並且能推敲出可能的競爭對手？這點非常重要，因為可以先行評估分析，自己團隊的實力，是否有把握可以打敗這些競爭對手？

(4) 自身有沒有承辦過類似標案的經驗？

(5) 評估自我實力，有沒有該標案輸贏關鍵的優勢？

(6) 如需要外部資源，是否有把握拿到這些資源？此大部分指的是合作意向書。

(7) 相關資源的整合、報價、場勘……等，是否可以在此短時間做完，並能寫出詳細完整的執行藍圖？

(8) 有沒有充裕的時間可以把標案寫好？

(9) 自身團隊是否有良好的企劃同仁，可以在短時間內把該

份服務建議書寫到最好？

(10) 詢問承辦人，如果不是第一次發包，瞭解之前執行的
廠商，承辦執行的情況如何？關於此點，承辦人多半
不會隨便告知，必須靠些話術來旁敲側擊探聽。

(11) 詢問承辦人，瞭解主辦單位所在意的點，瞭解更多
細節。


如果上述的評估，都能一一過關斬將，通過層層考驗，那
麼，建議就可以開始撰寫，基本上，服務建議書撰寫時間多半
很短，所以，評估時間不應該超過 4 小時為佳，如有必要可延
長至一天，但，評估時間越長，就越壓迫撰寫時間，可撰寫時
間越短，對計畫書品質的提昇就越不利，當然會影響得標的可
能性。

## 8-6 規劃撰寫與目錄，寫好決戰關鍵主軸，然後修改、再修改⋯⋯直到完美

　　一旦決定要撰寫此標案，那麼服務建議書的目錄就應該開始著手，接著佈局本章第 2 節推敲出的決戰關鍵點，以及參考標案的「評分項目」，如下圖所示，就先羅列出目錄，然後依據目錄來撰寫計畫書內容，若時間不夠，則分配同仁彼此分工不同章節，一起合力完成。

圖表 8.13

**「2024 九份紅燈籠祭」評選委員評選評分表　委員編號：**

| 評審項目 | 評選項目之內容 | 配分 | 廠商編號及得分 | | | | |
|---|---|---|---|---|---|---|---|
| | | | 1 | 2 | 3 | 4 | 5 |
| 一、服務建議書內容 | (一) 服務建議書完整性及對服務事項之瞭解程度（含背景環境資料之認知及可能遭遇之問題）<br>(二) 可行性之研究、規劃、初步構想及計畫（含策劃概念、呈現形式、設計圖說、尺寸材質或其他規格、裝設地點及民眾動線、整體規劃或場地配置圖、現場示意圖或模擬影片、合作單位名單、推廣活動規劃、行銷及點燈活動規劃、執行時程、工作人員安排、經費預估、安全管理維護計畫、防疫計畫等）<br>(三) 預定工作進度及如期、質之履約能力<br>(四) 內容創意性<br>(五) 加值回饋 | 40 分 | | | | | |
| 二、專業負責人主要工作人員之安排 | (一) 工作人員之經驗及專業能力<br>(二) 廠商團隊資源與其他支援能力 | 15 分 | | | | | |
| 三、廠商經歷與實績 | (一) 與本案相關之服務經驗及實績<br>(二) 廠商信譽 | 15 分 | | | | | |
| 四、簡報及答詢 | (一) 廠商簡報<br>(二) 廠商答詢 | 10 分 | | | | | |
| 五、廠商標價及標價組成內容 | (一) 標價合理性<br>(二) 各項經費編列與執行內容相符程度及是否妥適 | 20 分 | | | | | |
| 總評分 | | | | | | | |
| 序位 | | | | | | | |

備註：請委員惠予參考該評分級距評定分數。
　　　總評分得分在 90 分以上者：優良；
　　　　得分在 80 分以上未達 90 分者：佳；
　　　　得分在 70 分以上未達 80 分者：尚可；
　　　　得分在 60 分以上未達 70 分者：差；
　　　　得分未達 60 分者：極差。
本表分數填列於評選總表後，併其他評選委員評分表封存，由主席代表全體委員於彌封處簽名或蓋章。

資料來源：政府電子採購網

　　如果由不同人員合力完成，剛開始撰寫時，把章節的字級、字體定義好，這樣最後在進行「合版」時，就能整體一致且完好，看起來就會像是份出自同一人之手且完整的計畫書，至於目錄與撰寫的先後順序要如何安排？我們自己團隊夥伴在撰寫時，常常都會遇到這樣的議題，畢竟，每次遇到不同的標案，順序就要變動，也挺煩人的，能有一致的 SOP 感覺寫得比

較上手。

　　關於上述的爭議與討論，個人誠心建議，依據評選須知或評分表的先後順序排列為佳，畢竟，那是主辦單位建置的內容，而且經由主辦單位開會討論，基層承辦人擬出公文，層層給主管審批核章，才會有的結論，當然，該主辦單位也會參考中央或其他縣市的文件來排列順序，但，他們之所以列出這樣的評分內容排序，也代表他們對於此案的期許。

　　主辦單位對於標案的重視項目呈現於評分表內，外部、內部評審委員也將依此來評選各投標廠商，若廠商能依評分項目順序來撰寫服務建議書，會讓評審委員比較方便評分，特別提醒的是，投標廠商要注意分數多寡來安排撰寫的輕重緩急，如果團隊成員與學經歷背景佔分 30%，那麼團隊成員介紹就要非常翔實的提供，甚至要放上該員的學經歷證明書、專業證書等，會更有說服力、贏面更佳。

　　換言之，若團隊成員沒有任何佔分，那就表示這份服務建議書要寫得非常翔實完整，細節也要交代得很清楚，才會有贏面。

　　內外評審委員不會管我們的撰寫習慣，只會平心靜氣的針對此次評分項目給分，比較每一份服務建議書，然後區分出心中的第 1、第 2、第 3 名……交給主辦單位，主辦單位再用「序位法」方式，將名次綜合計算，分數加總越低名次越高，最後，選出第 1 名優勝廠商取得優先議價權，議價通過後，就立刻開始合作。

　　服務建議書通常要修改多次，即使是撰寫老手，總有新意進腦海，或想到重要的相關細節，所以，隨時修改是日常，即便是設計師所繪製的主視覺亦然。

　　完整的服務建議書應該都要由一位主導者彙整，此主導者應該是企劃經驗豐富者，誠如上述章節所提，此人應該是資深的「企劃咖」，提醒千萬不要讓「執行咖」判斷，否則該份計畫書只會敗到不知所云。

　　企劃主導者必須仔細檢核、再檢核，修正、再修正，每次的修正都是提昇計畫書品質的機會，建議主導者要有充分的時間思考，因為時間越充分，就會給主導者更多時間查察，也越可能看到嚴重的問題，此時還有機會修正調整，切勿小看這樣的內涵，以為可以利用簡報再跟評審委員說明，但，大部分「外部評審委員」都是現場才拿到計畫書，不太會聽團隊的額外解釋，內部評審委員事先已經看過計畫書，已經產生某種定見，對於團隊的額外說明，應該也不會聽進太多，也就是說，服務建議書在交出去的那一瞬間，命運已經確定將近90%，簡報與統問統答的機會再來挽救，為時已晚。

　　總而言之，服務建議書一定、一定、一定要寫完整與寫好（因為很重要，所以說三遍），無論多少的熬夜、再熬夜，都要調整修改出一份完美的企劃內容，否則乾脆不要送交出去，以免又再增添自身團隊的一個敗績，降低拿案率，事實上，主辦單位也是會查察每一家投標廠商標案與得標情況，以利先做內部的評判，因此，送交服務建議書時的那一刻，自我反省建議書的內容，真的要非常慎重！

# 8-7　檢查用詞與錯字，送印

　　撰寫好的服務建議書，務必要謹慎檢查錯字、圖表、引用……等，是否有錯誤，其中的經費概算表，建議先用 EXCEL 計算好，一項一項經費輸入及公式套好，再檢查是否正確，然後再將其貼到計畫書內，最為萬無一失。

　　人名、地名……等錯字，真的要非常慎重，台北市在去年「全國原住民運動會」發生頒發的獎盃，把原民會主委夷將‧拔路兒 Icyang‧Parod 誤植為「夷獎‧拔路兒　」，結果被各大新聞媒體披露，包括聯合新聞網、自由、中時、中央社……等，台北市體育局出面道歉滅火，原住民立委陳瑩暗虧，台北市長蔣萬安在內「不用下台，不用扣考績分數」，只要獎盃有幾座就把主委的名字「夷將‧拔路兒 Icyang‧Parod」寫幾遍，這樣才會永遠記在心裡，未來再看到原住民的名字時，才會特別注意。

　　最後誤植名字事件定調「廠商疏失」，全數獎盃重做，費

用由廠商支出，不增加大會及政府預算，可以想見，廠商損失慘重。

　　事實上，承做政府標案的一個重要原則就是正確、正確、正確，檢查、檢查、再檢查，因為很重要，所以，各說三遍。試想，如果評審委員在你們提供的服務建議書看到錯字，特別是人名誤植，能夠不感冒嗎？即便沒有其他廠商來投標，你們的計畫書寫得也不差，我想，主辦單位應該情願「廢標」，也不敢把案子交給你們，因為主辦單位還有最後的備案招數～～「邀標」來因應，只要主辦單位願意低聲下氣「邀標」找團隊來做，總還是能找到的，只不過，這不是公務員都很願意做的事，拜託來的團隊，姿態較高，公務員感覺好像自己的案子差，沒人主動要來做，也是挺沒面子，其次，容易讓外界有瓜田李下的嫌疑，畢竟，所有公務員最害怕的四個字就是「圖利廠商」，以採購法的罪刑甚至要吃牢飯，公務員們都會很敏感。

　　回首來時路，為何我這麼苦口婆心提醒勸說，因為就是曾經犯下類似的錯誤，只因為誤植一位知名藝術家的姓氏，結果被「廢標」，令我非常遺憾。所以，檢查、檢查、再檢查，真的不得不慎重！

## 阿里巴巴創辦人 — 馬雲

## ( Jack Ma )

◊ 創業者沒有退路，最大的失敗就是放棄。

◊ 今天很殘酷，明天更殘酷，後天很美好；但是，
　大部分人死在明天晚上，所以每個人都不要放棄
　今天。

◊ 創業要找最適合的人，不要找最好的人。

◊ 小公司的戰略就是兩個詞：活下來，掙錢。

◊ 生存下來的第一個想法是做好，而不是做大。

◊ 所有的創業者應該多花點時間，去學習別人是怎
　麼失敗的。

◊ 做任何事，必須要有突破，沒有突破，就等於沒做。

◊ 這世界上沒有優秀的理念，只有腳踏實地的結果。

第九章

# 資格標審查勿輕忽
# 簡報與統問統答是得標勝負關鍵

# 9-1　簡報帶入感情
# 　　　要控制時間、講重點

　　交出服務建議書後，基本上，會先經過「資格標」審查，本人建議，團隊都應該派員到現場，把公司大小印章帶著。

　　聆聽資格標，第一，可知道有哪些競爭對手？第二，如果現場的資格審查有任何狀況，還有機會說明或補救。本人就曾經多次看到經驗老到的廠商，竟然也會在資格標審查馬失前蹄，導致連簡報機會都沒有，直接就被踢出賽局，這樣也代表～～辛辛苦苦熬夜撰寫的服務建議書，全部付諸東流水，真的是會讓人嘔到爆、悔恨到極點了。

　　瞭解競爭對手很重要，起碼可以好好鑽研競爭對手的優勢劣勢，此與跟戰場研析沒有兩樣，《孫子兵法》謀攻：「知彼知己，百戰不殆；不知彼而知己，一勝一負；不知彼不知己，每戰必殆。」藉此可在簡報檔補強，以及確認統問統答時的因應內涵。

　　如果競爭對手的強項為 A，弱項為 B，本人建議在簡報時，

如果在 A 部分難以跟競爭對手抗衡，那麼，就把自己在 B 強項更強化，但，前提還是要把服務建議書的本質好好發揮，讓評審委員在 10 ～ 15 分鐘的簡報裡，瞭解你們團隊要如何把此案做滿做好，而不是一直跟評審委員說自己團隊有多屌多厲害，這是簡報時要注意的地方。

簡報的時間配比，建議也參考評分表的評分項目，例如團隊佔分 30%，那麼在 15 分鐘的簡報裡介紹團隊的時間應該約 4 ～ 6 分鐘，以此類推，如此也是方便評審委員們的評分，當然，也讓委員們認知你們團隊的嚴謹紀律。

一場簡報就跟一場演講類似，能夠掌握說故事的感動，但，又能把服務建議書的重點說的頭頭是道，應該是最理想的簡報。

本人曾經以此方式簡報，僅 2 人出席，擊敗 5 人出席、每年得標數十億元的大企業組織，後來瞭解，就是因為本人把服務建議書的提案，說得非常的生動、感人，因此現場感動評審委員，讓我們得標第一名，且擊敗此大企業組織。

簡報的時間控制非常重要，千萬不要遺漏任何簡報頁，時間內沒有把簡報檔報完，會令人有時間控制不佳的感受，也會讓評審委員質疑團隊的控管能力。這樣的實力，必須付出代價好好練習，練習 10 遍、20 遍、甚至 30 遍……，直到完美演出為止，此技能養成跟校園裡的演講朗讀一樣，除了刻意練習，真的沒有任何捷徑。

# 9-2 搞懂內評外評及「序位法」，評審都是一人一票

　　基本上，評審委員的組成，分為「外部評審委員」及「內部評審委員」兩種（以下簡稱內評委員、外評委員），顧名思義外評委員就是對外選取的評審，此類委員多半是學者專家或退休的公務主管擔任，只要自己有此評選領域的專業，每個人都可以去公共工程委員會登記，經審核即可被納入評審委員庫，讓有心的主辦機關單位挑選，內評委員多半由該主辦機關單位的主管擔任。

　　評審委員群會有一位擔任主席，通常都是由內部評審委員的最高主管擔任，主持與控制評選現場的流程，以利評選出第一名優先議價的廠商。

　　評審委員都會有一份評分表，註記此次評分的佔比，以利評審委員打分數，並在幾家競爭的廠商打完分數後，列出自己對這些廠商的排名，最後交由主辦機關現場工作人員計分，人員會把各個評審委員對該廠商的名次相加，名次相加後，分數

越低者，此次競爭的名次越高，此稱之為「序位法」，是目前評選方式的主流，雖然偶有兩家廠商並列第一，必須以報價最低或一些特別方法，淘汰一家強勁廠商選出最後第一名，但，大致而言，此方法確實可以在眾多評審委員的評鑑裡，非常快速的計算出第一名廠商。

舉例而言，三家廠商 A、B、C，共計五位評審委員：
第一位評審評分後給 A、B、C 名次分別為
第 2 名、第 3 名、第 1 名
第二位評審評分後給 A、B、C 名次分別為
第 1 名、第 3 名、第 2 名
第三位評審評分後給 A、B、C 名次分別為
第 2 名、第 3 名、第 1 名
第四位評審評分後給 A、B、C 名次分別為
第 1 名、第 3 名、第 2 名
第五位評審評分後給 A、B、C 名次分別為
第 1 名、第 3 名、第 2 名

由以上名次，A 廠商在全部評審委員名次相加後得分為 7（2 + 1 + 2 + 1 + 1=7），B 廠商得分為 15（3 + 3 + 3 + 3 + 3=15），C 廠商得分為 8（1 + 2 + 1 + 2 + 2=8），由計分可以看出，A 廠商獲第一名、C 廠商第二名、B 廠商第三名，這就是「序位法」的結果。

以上可以看到 A、C 廠商僅僅 1 分之差，代表這兩家廠商競爭激烈，評審委員對 A、C 廠商的評選觀點不分軒輊，所以，才會落差一分而已，標案實務現況裡，即使是評選現場的工作

人員，連哪一位評審所評也不會知道，只知評審編號而已，甚至決標公告裡，有時候只會列出廠商名次，連「序位法」計算出的得分也不會公告。

有些會列出分數的決標公告裡，一旦 C 廠商得知結果，應該會錯愕不已、捶心肝，原以為要開香檳慶祝的陽光沙灘場景，瞬間變成喝冰水、進入雪花飄飄寒冬的景色。這種第二名的心情，本人遇過無數，此為最讓人難過的名次，一分之差，更是讓人欲哭無淚。

炙手可熱的好標案，經費金額大，執行不複雜，強勁的對手會跳進來競爭很正常。試想，一個 500 萬的標案，需要一位 PM 當窗口面對主辦單位承辦人，但，若拿 50 萬元的案子，想衝到 500 萬，就要標 10 個 50 萬的案子，相對的，因為案量增加，PM 人數也必須增加，起碼需要 3、4 位以上 PM，且每人要扛 2、3 個小標案，所以，標到一個 500 萬是非常划算的事，你會這樣想，其他廠商也會這樣想，大家都不笨，不是嗎？

因此，經費高的標案，多半都是強手林立的戰場，往往第一、第二名落差不大，甚至某些標案，同時會有數家上市櫃公司爭搶。

試想，大家競爭時，你有能力執行、我也有，你有豐富的標案實績、我也不少，你經驗 20 年，我經驗 15 年也沒輸你太多，大家彼此實績實力落差不大時，其實，辛苦的是評審委員，有時候，可以看到熱門標案公告後，主辦單位會拉較多的外部評審的數量，以示公平公正，如下頁圖所示。

　　2024 年 3 月 1 日公告招標、4 月 3 日公告決標的桃園市政府體育局「2024 第八屆桃園盃全國三對三籃球賽」，經費450 萬，總計有 4 家廠商競標，評審委員共計 5 位，其中 3 位都是外部評審委員。

圖表 9.1

| 項次 | 出席會議 | 姓名 | 職業 | 與採購案相關之學經歷 |
|---|---|---|---|---|
| 1 | 是 | 林文郎 | 國立臺灣體育運動大學教授 | 經歷1：<br>服務機關(構)名稱：中國文化大學<br>職稱：講師<br>所任工作：運動訓練、田徑教學<br>經歷2：<br>服務機關(構)名稱：國立臺灣體育運動大學(運動管理學系)<br>職稱：教授<br>所任工作：運動管理教學<br>學歷：<br>美國運動學院運動管理博士班博士 |
| 2 | 是 | 黃任薇 | 威亞策略顧問股份有限公司 | 經歷1：<br>服務機關(構)名稱：威亞策略顧問股份有限公司<br>職稱：副總經理<br>所任工作：副總經理<br>經歷2：<br>服務機關(構)名稱：創湖山世界主題樂園<br>職稱：行銷部經理<br>所任工作：行銷部經理<br>經歷3：<br>服務機關(構)名稱：小屋坊國際貿易股份有限公司<br>職稱：市場傳播部副理<br>所任工作：市場傳播部副理 |
| 3 | 是 | 張思敏 | 已退休 | 經歷1：<br>服務機關(構)名稱：國立體育大學<br>職稱：教授、副校長<br>所任工作：教授、副校長<br>經歷2：<br>服務機關(構)名稱：中華民國籃球協會<br>職稱：選訓委員<br>所任工作：選訓委員<br>學歷：<br>美國佛羅里達州立國際大學教育系博士 |
| 4 | 是 | 沈世國 | 專門委員 | 經歷1：<br>服務機關(構)名稱：桃園市政府體育局<br>職稱：專門委員<br>所任工作：專門委員 |
| 5 | 是 | 范敏郁 | 科長 | 經歷1：<br>服務機關(構)名稱：桃園市政府體育局<br>職稱：科長<br>所任工作：科長 |

資料來源：政府電子採購網

　　2024 年 2 月 27 日公告招標、4 月 1 日公告決標的屏東縣政府交通旅遊處觀光推廣科「2024 屏東國際觀光客行銷規劃案」，經費 400 萬，總計有 2 家廠商競標，評審委員共計 5 位，其中 3 位都是外部評審委員，但，看出有一位外評委員沒出席參與評選。

圖表 9.2

| 項次 | 出席會議 | 姓名 | 職業 | 與採購案相關之學經歷 |
|---|---|---|---|---|
| 1 | 否 | 梁榮達 | 國立高雄餐旅大學教授兼主任 | 學歷：<br>國立東華大學企業管理系博士 |
| 2 | 是 | 蔡光男 | 助理教授 | 經歷1：<br>服務機關(構)名稱：美和科技大學<br>職稱：助理教授<br>所任工作：助理教授<br>學歷：<br>美和科技大學美和科技大學碩士 |
| 3 | 是 | 王逸峰 | 副教授 | 經歷1：<br>服務機關(構)名稱：美國新墨西哥大學<br>職稱：美國新墨西哥大學<br>所任工作：副教授<br>學歷：<br>美國新墨西哥大學美國新墨西哥大學博士 |
| 4 | 是 | 黃國維 | 處長 | 經歷1：<br>服務機關(構)名稱：屏東縣政府<br>職稱：處長<br>所任工作：處長 |
| 5 | 是 | 蕭裕隆 | 副處長 | 經歷1：<br>服務機關(構)名稱：屏東縣政府<br>職稱：副處長<br>所任工作：副處長 |

資料來源：政府電子採購網

　　我要強調的是，以上所提的評審委員，無論學經歷、官階高低，都是一人一票，每一位評審同等重要，因此，千萬不要輕忽任何評審的提問，回答時，最好針對評審提問一位一位解

決，切勿心存僥倖、唬爛帶過（坊間有教學建議 "歸納式" 回答，但，此類回答仍有許多不到位的盲點），因每一位評審都是獨立個體、獨立評選，他們的提問就是對你們團隊服務建議書的質疑，若沒好好的回答，仍讓該位評審委員留下許多對計畫書的疑問，評審委員當然也不會給出理想的分數，不是嗎？

這裡也要特別提醒，大多數評分表裡的「簡報與答詢」佔比通常為 10%，看似分數不高，坊間書籍或課程的建議，不少也認為毋須太在意「簡報與答詢」。

根據本人數百場標案戰役的心得，簡報與統問統答是 100% 佔比，雖然看起來服務建議書內容的佔比 50 ～ 70%，但，事實上，評審委員們對於服務建議書仍有疑慮時，都會透過統問統答來詢問及確定，以便打下該評審委員對該廠商在其心目中的最後確定分數，所以，這個佔比應該不會是 10%，應該是好幾倍。

## 9-3 統問統答好好回應與解釋 切勿激烈反應挑戰 仍可能轉敗為勝

看到上述的評選分數計算，有心參與政府標案的廠商，不得不慎，所以，當全部評審委員在統問時，一定要好好記錄評審委員的全部問題，如此，才可以一一針對性的回應委員，此乃對委員的尊重，也可以解惑委員對服務建議書的疑慮，提昇委員對團隊的信心，進而給出理想的分數與名次。

本人認識擔任簡報的高階主管，簡報時必帶一位負責「速記」的同仁，記錄委員們的問題，然後，該主管才針對問題據以回答，關於此點，本人建議，任何擔任簡報的主管，都應該要自行練習「速記」，在旁邊的人應該只是輔佐角色，協助是否哪一個問題沒回答到，當自己在速記時，其實，也可思考如何回答，是一舉兩得的方法。

此外，評審在統問時，一般而言，現場主席都會要求團隊要立刻開始回答，尤其是參與投標的廠商超過 5 家時，主席甚至會更加嚴控流程，希望可以儘早完成評選，通常不會讓廠商

有什麼思考或討論的時間，如果廠商超過 10 家或更多時，主辦機關單位甚至會縮短簡報為 5 ～ 10 分鐘，統答時間亦然，也都會縮短。

面對評審提問，有些評審確實頗為兩光或二二六六，甚至於連標規內容都搞不清楚或弄錯，以致亂問問題，但，此時千萬不要動怒，發揮我們的好修養，適當用溫暖的口氣提醒評審即可，若面對評審挑釁的問題，覺得你們的提案不怎樣（別動怒，因為此評審的傲慢態度對每家廠商也一樣），千萬不要跟評審現場對辯，此時就先謝謝評委的提醒，且表達我們願意參考評審委員的建議即可。

練就上述的好風度非常重要，因為內評委員正在挑選「執行力佳、配合度好」的廠商，若你失控跟評審委員對辯與對幹，只有收包包準備出局，強勢爭辯的態度，怎麼可能讓內評放心合作？

上述「序位法」計算出的 A、B、C 共三家廠商的分數，其中 A、C 廠商不分軒輊、競爭激烈，也許，因為簡報、統問統答後，C 廠商可以因此翻轉成為第一名，反敗為勝，事實上，這是在標案現場時司空見慣的發展！

此外，評審委員們也常會凹廠商，現場承諾更多的好康或採購數量，當然，這也可能是主辦機關單位對於廠商的提案不滿，試探看看廠商是否願意配合？本人建議，此類回答很弔詭，尤其是只有一家廠商投標時，建議此類回答要審慎為之，千萬不要為了得標胡亂答應，因為，評選現場所說的內容，都

可能被記錄，並視為日後簽約的合約內容。

　　本人身經百戰，經歷數百場統問統答的情境，看盡上百上千的評審委員風格，練就一套「簡報與統問統答『心法』」，已將之融入在教學課程或諮詢顧問裡，未來希望能幫助仍在探索的企業，期待未來跟大家多多交流、彼此切磋。

英國文學史上最傑出的戲劇家及文學家 —

　　　威廉·莎士比亞（William Shakespeare）


明智的人決不坐下來為失敗而哀號，他們一定樂觀

地尋找辦法來加以挽救。

第十章

只能拿第一名的心路歷程
得標率提昇是一條龍的發展

# 10　只能拿第一名的心路歷程　得標率提昇是一條龍的發展

　　政府標案裡，無論是財物、工程、勞務案，除非流標、廢標，否則，就一定會產生出第一名廠商，事實上，第二名到最後一名，毋庸置疑都是輸家，除非第一名是標案小白，議價失敗，才會由第二名廠商遞補，否則，全部都是 Loser 陣線聯盟的成員，沒得標就是沒得標，如果每次都是第二名，那麼，本人認為，這個團隊應好好深自反省，為何會有這樣的結果？

　　每次投標競標後，被評審委員們問的問題，都應該彙整起來，而且立刻檢討分析，該如何做好回答，此對下次服務建議書的改進，非常有助益。

　　當一個團隊持續投標時，都是自己夥伴，容易迷失在同溫層相互取暖，永遠看不到自己缺點，甚至不知道該如何改進自我？本人非常推薦團隊夥伴共同研讀《刻意練習》這本書，除了自我練習外，建議一定要尋求外援，

133

找顧問、業界高手來詢問，要如何改進服務建議書，提昇得標率？當然，這發展不容易，因為，沒有任何業界高手願教其他團隊，因為，這樣會製造自己在標案現場的競爭對手。

關於詢問擔任評審委員的學者專家或公務員，讓他們批評服務建議書可以，但，若要他們指導如何寫好企劃，也非易事，因為他們壓根沒寫過此類計畫書，更沒有參與過「被評選」的流程，實在很難體會。

過去，我曾詢問數十位評審（我們的標案評選後，再去詢問評審為何我們沒有得標的原因，以利後續改進），最後，發現他們的意見與建議，幾乎都是大同小異的內容，難以得到更多有用的資訊，所以，請教評審委員也無法滿足我想撰寫好服務建議書的需求，我也發現委員們就僅能針對評選觀點告知，難在更高的格局給建議，我也才明白此道理。

誠如上述章節所提，本人建議挑案、選案，再到探索自我強項與興趣，再到投入特殊標案領域後的心得，歷經種種類型的標案，這是本人歷經無數失敗、決標第二名所研究出的「心法」，並經過驗證、再驗證，才領悟明白要提昇得標率，其實是一條龍、一條鞭的 know-how 歷程，絕非僅是教授服務建議書撰寫、簡報、統問統答而已，甚至，可以說這是事業發展的探索、商業模式的探究，甚至是新創事業存活的要件。

# 重點札記

美國著名科學家、發明家、企業家、工程師 —

湯瑪斯・愛迪生（Thomas Edison）

◊ 任何問題都有解決的辦法，無法可想的事是沒有的。

◊ 失敗也是我需要的，他和成功對我一樣有價值。

◊ 天才是百分之一的靈感加百分之九十九的汗水。

第十一章

# 服務建議書
# 找「代寫」好不好？

# 11 服務建議書找「代寫」好不好?

自從投入政府標案諮詢服務，本人遇到最多詢問的內容，幾乎都是服務建議書該怎麼寫？如何寫好服務建議書？我們團隊沒有人會寫服務建議書，該怎麼辦？

個人瞭解政府標案領域，確實有人在做「代寫」業務，這跟協助新創團隊研擬營運計畫書（Business Plan，簡稱 BP）一樣，目前的合作有以下幾種方式：

1. 無論得標與否，按比例收取標案金額費用。
2. 事先收取定價費用，如果得標，另行再抽成約標案經費 1%～5%。
3. 整個包下標案的企劃書與執行，得標後收取標案經費 10%～15%。
4. 其他合作模式。

「代寫」對於不會寫案的團隊，確實解決燃眉之急，但，對於一個稍具人數規模的團隊，本人建議還是自行

培養寫服務建議書的人員為佳，主要還是考量「代寫」的金額不低，無論得標與否，都會起碼收取一本約 3 ～ 5 萬元的費用，得標後還要抽成，一個月撰寫二本，成本就是 6 ～ 10 萬元，如果自行聘僱專職企劃人員，應該都低於此價位。

特別值得注意的是，「代寫」基本都是兼職，其本身有正職，或同時兼寫二本，根據本人經驗，我曾合作過離職的企劃同仁，請其協助撰寫服務建議書的某部分，結果，除了要配合該員時間，大家一起討論也受限制，導致成效不彰，因此，服務建議書撰寫也就沒再找過此類合作。

「代寫」者必須對此標案熟悉，也要對團隊熟悉，才能撰寫出理想的服務建議書，若真要找「代寫」合作，還要注意此人過去「代寫」的得標實績？此人是否為自己獨立完成，還是僅撰寫其中一部分？對你們團隊領域的專業內容，「代寫」是否熟悉？

之所以提醒上述內涵，主要還是在於創業不易，3 ～ 5 萬元的費用，如果確定是石沉大海的方向，那麼，還不如省下來。

如果想要好好拓展政府標案領域，服務建議書撰寫是決戰關鍵，這樣的技能，不應假手他人「代寫」，因為此次撰寫的經驗值，全部都在「代寫」身上，非常可惜。

即使再困難、再不好學，主事者（創辦人或高管）都應該要自行學習瞭解此中的奧秘與技巧，然後，再行尋覓這類企劃人才，自行培養，與其共學共好，才是王道，這是本人衷心的呼籲與提醒。

創立相對論及量子力學的現代物理學家 ──

　　阿爾伯特·愛因斯坦（Albert Einstein）


成功＝艱苦的勞動＋正確的方法＋少談空話

第十二章

## 實體課程傳授得標心法
## 推線上服務造福更多企業家

# 12 實體課程傳授得標心法 推線上服務造福更多企業家

　　鑑於政府標案領域的隱晦深似海，政府標案實戰經驗教學或諮詢顧問，幾乎付之闕如，有很多中小企業想投入，卻一直跌跌撞撞，跟我當初投入的情況一模一樣，所以，本人想以創業家身份、曾帶領團隊征戰拿案的實務經驗，分享及傳授給需要的人，畢竟，本人過去也找不到此類資源，撞到傷痕累累、痛苦不已，即使是前面章節提及的顧問 D，也沒政府標案實務經驗，很多實務經驗仍需自己揣摩認知。

　　投入傳道、授業、解惑，可藉此造福更多中小企業與創業者，本人甚至認為這是拓展中小企業、創業家訂單，增加本身營收的新大陸！

　　近期舉辦越來越多的說明會，接觸到的幾乎都是創業家、中小企業主或準備創業的人，才深深理解許多人對政府標案都有或多或少的偏見與誤解，此更加讓我想好

好梳理、導正此領域給社會的不良印象。

目前本人已經開實體班與提供諮詢顧問服務，實體班以菁英 8 人以內小班傳授，學員們都是來自各領域的優秀創業家，我與學員們彼此課堂相互交流，彼此切磋、腦力激盪，不亦樂乎。

學員們目前戰果紛紛開出得標紅盤，當然，也有沒得標的情況，我也會帶著深思反省，務必下次改進，以期未來的服務建議書越寫越好。

未來本人也將開立線上課程，提供更普及、大眾化的服務，期待讓更多中小企業與創業者受惠，並拓展商機、增加訂單、提昇營收。

日後若能有更多優秀團隊投入政府標案領域，相信這是公務機關之福、社會國家之福！

# 重點札記

Panasonic 松下電器創辦人、日本經營之神 ——

松下幸之助 (Kōnosuke Matsushita)


◊ 逆境給人寶貴的磨鍊機會。只有經得起環境考驗
的人，才能算是真正的強者。自古以來的偉人，
大多是抱著不屈不撓的精神，從逆境中掙扎奮鬥
過來的。

◊ 嘗試一些事，遭遇失敗後從中學習，比你什麼事
都不做更好。

第十三章

# 後記：
# 鑽研全球採購與國際標案
# 為台灣企業找海外出路

# 13　後記：鑽研全球採購與國際標案，為台灣企業找海外出路

　　台灣是在 1995 年 3 月，向世界貿易組織 WTO 提出擬開放政府採購市場之初始承諾開放清單，並配合制定《政府採購法》，此法亦從 1998 年 5 月 27 日施行，台灣入會申請案在 2008 年 12 月 9 日獲得 WTO「政府採購委員會」通過採認我國申請加入 GPA（Agreement on Government Procurement　政府採購協定），並於 2009 年 6 月 15 日將同意加入書通知 WTO 秘書長，同年 7 月 15 日 GPA 生效，台灣正式成為第 41 個政府採購協定締約會員。

　　根據資料，全球的政府採購商機，大約佔全球 GDP 的 15 ～ 20%，而 2008 年 GPA 締約會員當年釋出的政府採購商機，就高達 1.6 兆美金，佔當年全世界 GDP 的 2.64%。

　　GPA 是規範政府採購權利義務之國際框架，主要是為降低對國內產品及供應商的保護，減少對外國產品及供

應商的歧視，增加透明度及建立磋商、監督和爭端解決機制。

台灣許多產品及服務都很優質，全球採購是一個深具潛力的商機，過去本人承辦許多國際交流、國際行銷政府標案，經常將政府推至國際市場，例如日本、新加坡、馬來西亞，熟悉國際往來業務，全球採購業務項目，可提昇台灣產業競爭力與視野，使產品進軍國際拓展市場規模。

未來，我會以政府標案多年經驗與採購知識、國際事務的特長，儘快鑽研全球採購市場的訣竅，協助台灣廠商拓展海外市場，敬請拭目以待！

# 附錄:「2024 九份紅燈籠祭」契約書

資料來源: 政府電子採購網 / 新北市政府觀光旅遊局

## 「2024 九份紅燈籠祭」契約書

(112.11.24 修正)

新北市政府觀光旅遊局(以下簡稱機關)及得標廠商(以下簡稱廠商)雙方同意依政府採購法(以下簡稱採購法)及其主管機關訂定之規定訂定本契約,共同遵守,其條款如下:

第一條　契約文件及效力

（一）契約包括下列文件:

　　1. 招標文件及其變更或補充。

　　2. 投標文件及其變更或補充。

　　3. 決標文件及其變更或補充。

　　4. 契約本文、附件及其變更或補充。

　　5. 依契約所提出之履約文件或資料。

（二）契約文件,包括以書面、錄音、錄影、照相、微縮、電子數位資料或樣品等方式呈現之原件或複製品。

（三）契約所含各種文件之內容如有不一致之處,除另有規定外,依下列原則處理:

　　1. 招標文件內之契約條款及投標須知優於招標文件內之其他文件所附記之條款。但附記之條款有特別聲明者,不在此限。契約條款與投標須知內容有不一致之處,以契約條款為準。

　　2. 招標文件之內容優於投標文件之內容。但投標文件之內容經機關審定優於招標文件之內容者,不在此限。招標文件如允許廠商於投標文件內特別聲明,並經機關於審標時接受者,以投標文件之內容為準。

　　3. 文件經機關審定之日期較新者優於審定日期較舊者。

　　4. 大比例尺圖者優於小比例尺圖者。

　　5. 決標紀錄之內容優於開標或議價紀錄之內容。

　　6. 同一優先順位之文件,其內容有不一致之處,屬機關文件者,以對廠商有利者為準;屬廠商文件者,以對機關有利者為準。

　　7. 招標文件內之標價清單,其品項名稱、規格、數量,優於招標文件內其他文件之內容。

（四）契約文件之一切規定得互為補充,如仍有不明確之處,應依公平合理原則解釋之。如有爭議,依採購法之規定處理。

（五）契約文字:

　　1. 契約文字以中文為準。但下列情形得以外文為準:

　　　(1)特殊技術或材料之圖文資料。

(2) 國際組織、外國政府或其授權機構、公會或商會所出具之文件。

(3) 其他經機關認定確有必要者。

2. 契約文字有中文譯文，其與外文文意不符者，除資格文件外，以中文為準。其因譯文有誤致生損害者，由提供譯文之一方負責賠償。

3. 契約所稱申請、報告、同意、指示、核准、通知、解釋及其他類似行為所為之意思表示，除契約另有規定或當事人同意外，應以中文（正體字）書面為之。書面之遞交，得以面交簽收、郵寄、傳真或電子資料傳輸至雙方預為約定之人員或處所。

（六）契約所使用之度量衡單位，除另有規定者外，以法定度量衡單位為之。

（七）契約所定事項如有違反法律強制或禁止規定或無法執行之部分，該部分無效。但除去該部分，契約亦可成立者，不影響其他部分之有效性。該無效之部分，機關及廠商必要時得依契約原定目的變更之。

（八）經雙方代表人或其代理人簽署契約正本 2 份，機關及廠商各執 1 份，並由雙方各依印花稅法之規定繳納印花稅。副本 6 份，由機關、廠商及相關機關、單位分別執用。副本如有誤繕，以正本為準。


第二條　履約標的

（一）廠商應給付之標的及工作事項：廠商應依機關「2024 九份紅燈籠祭」採購案邀標書辦理及廠商所提經機關審核通過之「執行企劃書」內容履行本契約。


第三條　契約價金之給付

契約價金結算方式：

■總包價法。


第四條　契約價金之調整

（一）驗收結果與規定不符，而不妨礙安全及使用需求，亦無減少通常效用或契約預定效用，經機關檢討不必拆換、更換或拆換、更換確有困難，或不必補交者，得於必要時減價收受。

採減價收受者，按不符項目標的之契約價金 20% 減價，並處以減價金額 100% 之違約金。減價及違約金之總額，以該項目之契約價金為限。

（二）契約價金採總價給付者，未列入標價清單之項目或數量，其已於契約載明應由廠商施作或供應或為廠商完成履約所必須者，仍應由廠商負責供應或施作，不得據以請求加價。

（三）契約價金，除另有規定外，含廠商及其人員依中華民國法令應繳納之稅捐、規費及強制性保險之保險費。

（四）中華民國以外其他國家或地區之稅捐、規費或關稅，由廠商負擔。

（五）廠商履約遇有下列政府行為之一，致履約費用增加或減少者，契約價

金得予調整：

1. 政府法令之新增或變更。

2. 稅捐或規費之新增或變更。

3. 政府公告、公定或管制價格或費率之變更。

（六）前款情形，屬中華民國政府所為，致履約成本增加者，其所增加之必要費用，由機關負擔；致履約成本減少者，其所減少之部分，得自契約價金中扣除。屬其他國家政府所為，致履約成本增加或減少者，契約價金不予調整。

第五條 契約價金之給付條件

（一）除契約另有約定外，依下列條件辦理付款：

1.（刪除）

2. 分期付款：

（1）契約分期付款為契約價金總額 100 %，其各期之付款條件：

A. 第 1 期：契約價金總額之 10%，含稅，於決標日次日起 14 日內提送「執行企劃書」（含履約項目之單價分析表）一式 5 份（含電子檔，封面請加蓋廠商及負責人印章）。經機關審查如需修正，應於機關函文要求之期限內提交修正後之執行企劃書供機關審查，通過後由廠商檢具統一發票向機關請款。

B. 第 2 期：契約價金總額之 40%，含稅，廠商舉行點燈儀式（記者會）後，檢具統一發票向機關請款。

C. 第 3 期（驗收）：契約價金總額之 50%，含稅，廠商應於活動執行完畢次日起 20 日提出成果報告書（含電子檔）一式 5 份及各式設計圖資光碟、活動照片送本局審查，經機關驗收通過後，廠商檢具統一發票向機關請款。

（2）廠商於符合前述各期付款條件後提出證明文件。機關於 15 工作天內完成審核程序後，通知廠商提出請款單據，並於接到廠商請款單據後 15 工作天內付款。但涉及向補助機關申請核撥補助款者，付款期限為 30 工作天。

3.（刪除）

4. 機關辦理付款及審核程序，如發現廠商有文件不符、不足或有疑義而需補正或澄清者，機關應一次通知澄清或補正，不得分次辦理。其審核及付款期限，自澄清或補正資料送達機關之次日重新起算；機關並應先就無爭議且可單獨計價之部分辦理付款。

5. 廠商履約有下列情形之一者，機關得暫停給付契約價金至情形消減為止：

（1）履約實際進度因可歸責於廠商之事由，落後預定進度達 10% 以上者。

（2）履約有瑕疵經書面通知限期改善而逾期未改善者。

（3）未履行契約應辦事項，經通知限期履行，屆期仍不履行者。

（4）（刪除）。

（5）其他違反法令或契約情形。

6.（刪除）

7. 因非可歸責於廠商之事由，機關有延遲付款之情形，廠商投訴對象：

（1）採購機關之政風單位；

（2）採購機關之上級機關；

（3）法務部廉政署；

（4）採購稽核小組；

（5）採購法主管機關；

（6）行政院主計總處（延遲付款之原因與主計人員有關者）。

（二）（刪除）

（三）契約價金總額曾經減價而確定，其所組成之各單項價格得依約定或合意方式調整（例如減價之金額僅自部分項目扣減）；未約定或未能合意調整方式者，如廠商所報各單項價格未有不合理之處，視同就廠商所報各單項價格依同一減價比率（決標金額／投標金額）調整。投標文件中報價之分項價格合計數額與決標金額不同者，依決標金額與該合計數額之比率調整之，但人力項目之報價不隨之調低。

（四）廠商計價領款之印章，除另有約定外，以廠商於投標文件所蓋之章為之。

（五）廠商應依身心障礙者權益保障法、原住民族工作權保障法及採購法規定僱用身心障礙者及原住民。僱用不足者，應依規定分別向所在地之直轄市或縣（市）勞工主管機關設立之身心障礙者就業基金及原住民族中央主管機關設立之原住民族綜合發展基金之就業基金，定期繳納差額補助費及代金；並不得僱用外籍勞工取代僱用不足額部分。招標機關應將國內員工總人數逾100人之廠商資料公開於政府電子採購網，以供勞工及原住民族主管機關查核差額補助費及代金繳納情形，招標機關不另辦理查核。

（六）契約價金總額，除另有規定外，為完成契約所需全部材料、人工、機具、設備及履約所必須之費用。

（七）廠商請領契約價金時應提出電子或紙本統一發票，依法免用統一發票者應提出收據。

（八）廠商請領契約價金時應提出之其他文件為：

■保險單或保險證明。

■契約約定之其他給付憑證文件。

（九）前款文件，應有出具人之簽名或蓋章。但慣例無需簽名或蓋章者，不在此限。

（十）廠商履約有逾期違約金、損害賠償、採購標的之損壞或短缺、不實行為、

未完全履約、不符契約規定、溢領價金或減少履約事項等情形時,機關得自應付價金中扣抵;其有不足者,得通知廠商給付或自保證金扣抵。

(十一)服務範圍包括代辦訓練操作或維護人員者,其服務費用除廠商本身所需者外,有關受訓人員之旅費及生活費用,由機關自訂標準支給,不包括在服務費用項目之內。

(十二)分包契約依採購法第 67 條第 2 項報備於機關,並經廠商就分包部分設定權利質予分包廠商者,該分包契約所載付款條件應符合前列各款規定(採購法第 98 條之規定除外)或與機關另行議定。

(十三)廠商於履約期間給與全職從事本採購案之員工薪資,如採按月計酬者,至少為新臺幣 3 萬元。

(十四)(刪除)

(十五)(刪除)

第六條　稅捐

(一)以新臺幣報價之項目,除招標文件另有規定外,應含稅,包括營業稅。由自然人投標者,不含營業稅,但仍包括其必要之稅捐。

(二)以外幣報價之勞務費用或權利金,加計營業稅後與其他廠商之標價比較。但決標時將營業稅扣除,付款時由機關代繳。

(三)外國廠商在中華民國境內發生之勞務費或權利金收入,於領取價款時按當時之稅率繳納營利事業所得稅。上述稅款在付款時由機關代為扣繳。但外國廠商在中華民國境內有分支機構、營業代理人或由國內廠商開立統一發票代領者,上述稅款在付款時不代為扣繳,而由該等機構、代理人或廠商繳納。

第七條　履約期限

(一)履約期限:廠商應自決標日起至 113 年 6 月 30 日完成履行採購標的之供應。

(二)本契約所稱日(天)數,除已明定為日曆天或工作天者外,係以日曆天計算:

　　1. 以日曆天計算者,所有日數,包括第 2 目所載之放假日,均應計入。但投標文件截止收件日前未可得知之放假日,不予計入。

　　2. 以工作天計算者,下列放假日,均應不計入:

　　　(1) 星期六(補行上班日除外)及星期日。但與 (2) 至 (5) 放假日相互重疊者,不得重複計算。

　　　(2) 依「紀念日及節日實施辦法」規定放假之紀念日、節日及其補假。

(3) 軍人節（9月3日）之放假及補假（依國防部規定，但以國防部及其所屬之採購為限）。

(4) 行政院人事行政總處公布之調整放假日。

(5) 全國性選舉投票日及行政院所屬中央各業務主管機關公告放假者。

3. 免計工作天之日，以不得施作或供應為原則。廠商如欲施作或供應，應先徵得機關書面同意，該日數免計入履約期間。

（三）契約如需辦理變更，其履約標的項目或數量有增減時，履約期限得由雙方視實際需要議定增減之。

（四）履約期限延期：

1. 契約履約期間，有下列情形之一，且確非可歸責於廠商，而需展延履約期限者，廠商應於事故發生或消失後，檢具事證，儘速以書面向機關申請展延履約期限。機關得審酌其情形後，以書面同意延長履約期限，不計算逾期違約金。其事由未達半日者，以半日計；逾半日未達1日者，以1日計。

(1) 發生契約規定不可抗力之事故。

(2) 因天候影響無法施工。

(3) 機關要求全部或部分暫停履約。

(4) 因辦理契約變更或增加履約標的數量或項目。

(5) 機關應辦事項未及時辦妥。

(6) 由機關自辦或機關之其他廠商因承包契約相關履約標的之延誤而影響契約進度者。

(7) 其他非可歸責於廠商之情形，經機關認定者。

2. 前目事故之發生，致契約全部或部分必須停止履約時，廠商應於停止履約原因消滅後立即恢復履約。其停止履約及恢復履約，廠商應儘速向機關提出書面報告。

（五）期日：

1. 履約期間自指定之日起算者，應將當日算入。履約期間自指定之日後起算者，當日不計入。

2. 履約標的須於一定期間內送達機關之場所者，履約期間之末日，以機關當日下班時間為期間末日之終止。當日為機關之辦公日，但機關因故停止辦公致未達原定截止時間者，以次一辦公日之同一截止時間代之。

第八條　履約管理

（一）與契約履約標的有關之其他標的，經機關交由其他廠商承包時，廠商有與其他廠商互相協調配合之義務，以使該等工作得以順利進行。因工作不能協調配合，致生錯誤、延誤履約期限或意外事故，其可歸責於廠商者，由廠商負責並賠償。如有任一廠商因此受損者，應於事

故發生後儘速書面通知機關,由機關邀集雙方協調解決。

（二）契約所需履約標的材料、機具、設備、工作場地設備等,除契約另有
規定外,概由廠商自備。

（三）廠商接受機關或機關委託之機構之人員指示辦理與履約有關之事項
前,應先確認該人員係有權代表人,且所指示辦理之事項未逾越或
未違反契約規定。廠商接受無權代表人之指示或逾越或違反契約規
定之指示,不得用以拘束機關或減少、變更廠商應負之契約責任,機
關亦不對此等指示之後果負任何責任。

（四）機關及廠商之一方未請求他方依契約履約者,不得視為或構成一方放
棄請求他方依契約履約之權利。

（五）契約內容有須保密者,廠商未經機關書面同意,不得將契約內容洩漏
予與履約無關之第三人。

（六）廠商履約期間所知悉之機關機密或任何不公開之文書、圖畫、消息、
物品或其他資訊,均應保密,不得洩漏。

（七）轉包及分包:
1. 廠商不得將契約轉包。廠商亦不得以不具備履行契約分包事項能
力、未依法登記或設立,或依採購法第 103 條規定不得參加投標
或作為決標對象或作為分包廠商之廠商為分包廠商。
2. 廠商擬分包之項目及分包廠商,機關得予審查。
3. 廠商對於分包廠商履約之部分,仍應負完全責任。分包契約報備
於機關者,亦同。
4. 分包廠商不得將分包契約轉包。其有違反者,廠商應更換分包廠
商。
5. 廠商違反不得轉包之規定時,機關得解除契約、終止契約或沒收
保證金,並得要求損害賠償。
6. 前目轉包廠商與廠商對機關負連帶履行及賠償責任。再轉包者,
亦同。

（八）廠商及分包廠商履約,不得有下列情形:僱用依法不得從事其工作之
人員(含非法外勞)、供應不法來源之履約標的、使用非法車輛或工
具、提供不實證明、違反人口販運防制法、非法棄置廢棄物或其他不
法或不當行為。

（九）廠商應對其履約場所作業及履約方法之適當性、可靠性及安全性負完
全責任。

（十）廠商之履約場所作業有發生意外事件之虞時,廠商應立即採取防範
措施。發生意外時,應立即採取搶救、復原、重建及對機關與第三人
之賠償等措施。

（十一）機關於廠商履約中,若可預見其履約瑕疵,或其有其他違反契約之
情事者,得通知廠商限期改善。

（十二）廠商不於前款期限內,依照改善或履行者,機關得採行下列措施:
1. 自行或使第三人改善或繼續其工作,其風險及費用由廠商負擔。

2. 終止或解除契約，並得請求損害賠償。

3. 通知廠商暫停履約。

（十三）機關提供之履約場所，各得標廠商有共同使用之需要者，廠商應與其他廠商協議或依機關協調之結果共用場所。

（十四）機關提供或將其所有之財物供廠商加工、改善或維修，其須將標的運出機關場所者，該財物之滅失、減損或遭侵占時，廠商應負賠償責任。機關並得視實際需要規定廠商繳納與標的等值或一定金額之保證金。

（十五）履約所需臨時場所，除另有規定外，由廠商自理。

（十六）勞工權益保障：

1. 廠商為自然人時，應提出勞工保險、勞工職業災害保險及全民健康保險投保證明文件。

2.（刪除）

3. 機關發現廠商違反相關勞動法令、性別工作平等法等情事時，檢附具體事證，主動通知當地勞工主管機關或勞工保險局（有關勞工保險、勞工職業災害保險投保及勞工退休金提繳事項）依法查處。

4.（刪除）

5. 機關發現廠商未依約履行保障勞工權益之義務，經查證屬實，除有不可抗力或不可歸責於廠商事由外，依本目約定計算違約金，如有減省費用或不當利益情形，扣減或追償契約價金。本目所定違約金情形如下，每點新臺幣 500 元，其總額以契約價金總額之 20% 為上限：

　　（1）未依第 2 目第 1 子目約定辦理者，每一人次計罰 1 點，限期改正仍未改正者，按次連續計罰。

　　（2）未依第 1 目或第 2 目第 2 子目至第 7 子目約定辦理者，每一人依每一事件計罰 1 點，限期改正仍未改正者，按次連續計罰。

　　（3）其他：無

6.（刪除）

7.（刪除）

8.（刪除）

9.（刪除）

（十七）（刪除）

（十八）其他：

　　■與本契約有關之證照，依法規應以機關名義申請，而由廠商代為提出申請者，其所需規費由機關負擔。

（十九）廠商於設計完成經機關審查確認後，應將設計圖說之電子檔案（如 CAD 檔）交予機關。

（二十）廠商使用之柴油車輛，應符合空氣污染物排放標準。

（二十一）廠商人員執行契約之委辦事項時，有利益衝突者，應自行迴避，

並不得假借執行契約之權力、機會或方法，圖謀其本人、廠商或
第三人之不正當利益；涉及本人、配偶、二親等以內親屬，或共同
生活家屬之利益者，亦應自行迴避，並由廠商另行指派人員執行。

（二十二）廠商依契約提供環保、節能、省水或綠建材等綠色產品，應至行
政院環境保護署設置之「民間企業及團體綠色採購申報平臺」申
報。

第九條　履約標的品管

（一）廠商在履約中，應對履約品質依照契約有關規範，嚴予控制，並辦理自
主檢查。

（二）機關於廠商履約期間如發現廠商履約品質不符合契約規定，得通知
廠商限期改善或改正。廠商逾期未辦妥時，機關得要求廠商部分或
全部停止履約，至廠商辦妥並經機關書面同意後方可恢復履約。廠商
不得為此要求展延履約期限或補償。

（三）契約履約期間如有由機關分段審查、查驗之規定，廠商應按規定之階
段報請機關監督人員審查、查驗。機關監督人員發現廠商未按規定階
段報請審查、查驗，而擅自繼續次一階段工作時，得要求廠商將未經
審查、查驗及擅自履約部分重做，其一切損失概由廠商自行負擔。但
機關監督人員應指派專責審查、查驗人員隨時辦理廠商申請之審查、
查驗工作，不得無故遲延。

（四）契約如有任何部分須報請政府主管機關審查、查驗時，除依法規應由
機關提出申請者外，應由廠商提出申請，並按照規定負擔有關費用。

（五）廠商應免費提供機關依契約辦理審查、查驗、測試或檢驗所必須之
設備及資料。但契約另有規定者，不在此限。契約規定以外之審查、
查驗、測試或檢驗，其結果不符合契約規定者，由廠商負擔所生之費
用；結果符合者，由機關負擔費用。

（六）審查、查驗、測試或檢驗結果不符合契約規定者，機關得予拒絕，廠
商應免費改善或改正。

（七）廠商不得因機關辦理審查、查驗、測試或檢驗，而免除其依契約所應
履行或承擔之義務或責任，及費用之負擔。

（八）機關就廠商履約標的為審查、查驗、測試或檢驗之權利，不受該標的
曾通過其他審查、查驗、測試或檢驗之限制。

（九）機關提供設備或材料供廠商履約者，廠商應於收受時作必要之檢查，
以確定其符合履約需要，並作成紀錄。設備或材料經廠商收受後，其
滅失或損害，由廠商負責。

第十條　保險

（一）廠商應於履約期間辦理下列保險種類，其屬自然人者，應自行另投保
　　　人身意外險：

　　　■公共意外責任險（履約標的涉舉辦活動者，建議擇定）。

（二）廠商依前款辦理之保險，其內容如下：

　　　1. 被保險人：以廠商為被保險人。

　　　2. 公共意外責任險保險金額：

　　　　　①每一個人體傷或死亡：500 萬元。

　　　　　②每一事故體傷或死亡：5,000 萬元。

　　　　　③每一意外事故財損：200 萬元。

　　　　　④保險期間內最高累積責任：1 億 400 萬元。

　　　3. 每一事故之廠商自負額上限：

　　　　　公共意外責任險：廠商同意自付額不得逾保險金額 10%。

　　　4. 保險期間：自進場施作日起至本案所屬裝置及周邊環境拆除
　　　　　完畢之日止，有延期或遲延履約者，保險期間比照順延。

　　　5. 保險契約之變更、效力暫停或終止，應經機關之書面同意。任
　　　　　何未經機關同意之保險（契約）批單，如致損失或損害賠償，
　　　　　由廠商負擔。

　　　6.（刪除）

（三）保險單記載契約規定以外之不保事項者，其風險及可能之賠償由
　　　廠商負擔。

（四）廠商向保險人索賠所費時間，不得據以請求延長履約期限。

（五）廠商未依契約規定辦理保險、保險範圍不足或未能自保險人獲
　　　得足額理賠者，其損失或損害賠償，由廠商負擔。

（六）保險單正本或保險機構出具之保險證明 1 份及繳費收據副本 1 份，
　　　應於進場 7 日前（或機關指定日期）交由機關收執。因不可歸責於廠
　　　商之事由致須延長履約期限者，因而增加之保費，由契約雙方另行協
　　　議其合理之分擔方式；如因可歸責於機關之事由致須延長履約期限
　　　者，因而增加之保費，由機關負擔。

（七）廠商應依中華民國法規為其員工及車輛投保勞工保險、就業保險、勞
　　　工職業災害保險、全民健康保險及汽機車第三人責任險。其依法免
　　　投保勞工保險、勞工職業災害保險者，得以其他商業保險代之。

（八）依法非屬保險人可承保之保險範圍，或非因保費因素卻於國內無保險
　　　人願承保，且有保險公會書面佐證者，依第 1 條第 7 款辦理。

（九）機關及廠商均應避免發生採購法主管機關訂頒之「常見保險錯誤及
　　　缺失態樣」所載情形。

第十一條　保證金（刪除）

第十二條　驗收
（一）廠商履約所供應或完成之標的，應符合契約規定，具備一般可接受之
　　　專業及技術水準，無減少或減失價值或不適於通常或約定使用之瑕
　　　疵。
（二）驗收程序：
　　　1.廠商應一本契約第 5 條規定期限內提送全案結案成果報告書供本
　　　　機關以書面或召開審查會方式辦理驗收。
　　　2.廠商未依機關通知派代表參加初驗或驗收者，除法規另有規定
　　　　外，不影響初驗或驗收之進行及其結果。如因可歸責於機關之事
　　　　由，延誤辦理初驗或驗收，該延誤期間不計逾期違約金；機關因此
　　　　造成延遲付款情形，其遲延利息，及廠商因此增加之延長保證金
　　　　費用，由機關負擔。
（三）履約標的完成履約後，廠商應對履約期間損壞或遷移之機關設施或
　　　公共設施予以修復或回復，並將現場堆置的履約機具、器材、廢棄物及
　　　非契約所應有之設施全部運離或清除，並填具完成履約報告，經機關
　　　勘驗認可，始得認定為完成履約。
（四）履約標的部分完成履約後，如有部分先行使用之必要，應先就該部分
　　　辦理驗收或分段審查、查驗供收之用。
（五）廠商履約結果經機關初驗或驗收有瑕疵者，機關得要求廠商於
　　　_____　　　　　日內（機關未填列者，由主驗人定之）改善、拆除、重作、
　　　退貨或換貨（以下簡稱改正）。逾期未改正者，依第 13 條規定計算逾
　　　期違約金。但逾期未改正仍在契約原訂履約期限內者，不在此限。
（六）廠商不於前款期限內改正、拒絕改正或其瑕疵不能改正，或改正次
　　　數逾 1 次仍未能改正者，機關得採行下列措施之一：
　　　1.自行或使第三人改善，並得向廠商請求償還改善必要之費用。
　　　2.終止或解除契約或減少契約價金。
（七）因可歸責於廠商之事由，致履約有瑕疵者，機關除依前 2 款規定辦
　　　理外，並得請求損害賠償。

第十三條　遲延履約
（一）逾期違約金，以日為單位，按逾期日數，每日依契約價金總額 1‰計算
　　　逾期違約金，所有日數（包括放假日等）均應納入，不因履約期限以
　　　工作天或日曆天計算而有差別。因可歸責於廠商之事由，致終止或解
　　　除契約者，逾期違約金應計算至終止或解除契約之日止：
　　　1.廠商如未依照契約所定履約期限完成履約標的，自該期限之次日
　　　　起算逾期日數。

2. 初驗或驗收有瑕疵，經機關通知廠商限期改正，自契約所定履約
期限之次日起算逾期日數，但扣除以下日數：

　(1) 履約期限之次日起，至機關決定限期改正前歸屬於機關之作業
　　　日數。

　(2) 契約或主driven人指定之限期改正日數。

3. 前2目未完成履約／初驗或驗收有瑕疵之部分不影響其他已完成
且無瑕疵部分之使用者（不以機關已有使用事實為限，亦即機關可
得使用之狀態），按未完成履約／初驗或驗收有瑕疵部分之契約
價金，每日依其 3‰ 計算逾期違約金，其數額以每日依契約價金總
額計算之數額為上限。

4.（刪除）

（二）採部分驗收或分期驗收者，得就該部分或該分期之金額計算逾期違
　　　約金。

（三）逾期違約金之支付，機關得自應付價金中扣抵；其有不足者，得通知
　　　廠商繳納或自保證金扣抵。

（四）逾期違約金為損害賠償額預定性違約金，其總額（含逾期未改正之
　　　違約金），以契約價金總額之 20% 為上限，不包括第 8 條第 16 款第 5
　　　目之違約金，亦不計入第 14 條第 8 款第 2 目之賠償責任上限金額內。

（五）機關及廠商因下列天災或事變等不可抗力或不可歸責於契約當事人
　　　之事由，致未能依時履約者，得展延履約期限；不能履約者，得免除
　　　契約責任：

　　　1. 戰爭、封鎖、革命、叛亂、內亂、暴動或動員。

　　　2. 山崩、地震、海嘯、火山爆發、颱風、豪雨、冰雹、水災、土石流、土崩、
　　　　 地層滑動、雷擊或其他天然災害。

　　　3. 墜機、沉船、交通中斷或道路、港口冰封。

　　　4. 罷工、勞資糾紛或民眾非理性之聚眾抗爭。

　　　5. 毒氣、瘟疫、火災或爆炸。

　　　6. 履約標的遭破壞、竊盜、搶奪、強盜或海盜。

　　　7. 履約人員遭殺害、傷害、擄人勒贖或不法拘禁。

　　　8. 水、能源或原料中斷或管制供應。

　　　9. 核子反應、核子輻射或放射性污染。

　　　10. 非因廠商不法行為所致之政府或機關依法令下達停工、徵用、沒
　　　　　入、拆毀或禁運命令者。

　　　11. 政府法令之新增或變更。

　　　12. 我國或外國政府之行為。

　　　13. 依傳染病防治法第 3 條發生傳染病且足以影響契約之履行時。

　　　14. 其他經機關認定確屬不可抗力或不可歸責於廠商者。

（六）前款不可抗力或不可歸責事由發生或結束後，其屬可繼續履約之情形
　　　者，應繼續履約，並採行必要措施以降低其所造成之不利影響或損
　　　害。

（七）廠商履約有遲延者，在遲延中，對於因不可抗力而生之損害，亦應負責。但經廠商證明縱使不遲延給付，而仍不免發生損害者，不在此限。

（八）契約訂有分段進度及最後履約期限，且均訂有逾期違約金者，屬分段完成使用或移交之情形，其逾期違約金之計算原則如下：

    1. 未逾分段進度但逾最後履約期限者，扣除已分段完成使用或移交部分之金額，計算逾最後履約期限之違約金。

    2. 逾分段進度但未逾最後履約期限者，計算逾分段進度之違約金。

    3. 逾分段進度且逾最後履約期限者，分別計算違約金。但逾最後履約期限之違約金，應扣除已分段完成使用或移交部分之金額計算之。

    4. 分段完成期限與其他採購契約之進行有關者，逾分段進度，得個別計算違約金，不受前目但書限制。

（九）契約訂有分段進度及最後履約期限，且均訂有逾期違約金者，屬全部完成後使用或移交之情形，其逾期違約金之計算原則如下：

    1. 未逾分段進度但逾最後履約期限者，計算逾最後履約期限之違約金。

    2. 逾分段進度但未逾最後履約期限，其有逾分段進度已收取之違約金者，於未逾最後履約期限後發還。

    3. 逾分段進度且逾最後履約期限，其有逾分段進度已收取之違約金者，於計算逾最後履約期限之違約金時應予扣抵。

    4. 分段完成期限與其他採購契約之進行有關者，逾分段進度，得計算違約金，不受第 2 目及第 3 目之限制。

（十）廠商未遵守法令致生履約事故者，由廠商負責。因而遲延履約者，不得據以免責。

（十一）本條所稱「契約價金總額」為：結算驗收證明書所載結算總價，並加計可歸責於廠商之驗收扣款金額。有契約變更之情形者，雙方得就變更之部分另為協議（例如契約變更新增項目或數量之金額）。


第十四條　權利及責任

（一）廠商應擔保第三人就履約標的，對於機關不得主張任何權利。

（二）廠商履約，其有侵害第三人合法權益時，應由廠商負責處理並承擔一切法律責任及費用，包括機關所發生之費用。機關並得請求損害賠償。

（三）廠商履約結果涉及履約標的所產出之智慧財產權（包含專利權、商標權、著作權、營業秘密等）者：

    1. 機關取得全部權利。

    2. 廠商依本契約提供機關服務時，如使用開源軟體，應依該開源軟體之授權範圍，授權機關利用，並以執行檔及原始碼共同提供之方式交付予機關使用，廠商並應交付開源軟體清單（包括但不限於：

開源專案名稱、出處資訊、原始著作權利聲明、免責聲明、開源授
權條款標示與全文）。

（四）除另有規定外，廠商如在契約使用專利品，或專利性履約方法，或涉
及著作權時，其有關之專利及著作權益，概由廠商依照有關法令規
定處理，其費用亦由廠商負擔。

（五）機關及廠商應採取必要之措施，以保障他方免於因契約之履行而遭
第三人請求損害賠償。其有致第三人損害者，應由造成損害原因之一
方負責賠償。

（六）機關對於廠商、分包廠商及其人員因履約所致之人體傷亡或財物損失，
不負賠償責任。對於人體傷亡或財物損失之風險，廠商應投保必要之
保險。

（七）廠商依契約規定應履行之責任，不因機關對於廠商履約事項之審查、
認可或核准行為而減少或免除。

（八）因可歸責於一方之事由，致他方遭受損害者，一方應負賠償責任，其
認定有爭議者，依照爭議處理條款辦理。

　　1. 損害賠償之範圍，依民法第 216 條第 1 項規定，以填補他方所受
損害及所失利益為限。但非因故意或重大過失所致之損害，契約
雙方所負賠償責任不包括「所失利益」。

　　2. 除第 8 條第 16 款第 5 目、第 13 條及第 14 條第 10 款約定之違約
金外，損害賠償金額上限為：契約價金總額。

　　3. 前目訂有損害賠償金額上限者，於法令另有規定（例如民法第 227
條第 2 項之加害給付損害賠償），或一方故意隱瞞工作之瑕疵、故
意或重大過失行為，或對第三人發生侵權行為，對他方所造成之損
害賠償，不受賠償金額上限之限制。

（九）廠商履約有瑕疵時，應於接獲機關通知後自費予以修正或重做。但以
該通知不逾履約結果驗收後 1 年內者為限。其屬部分驗收者，亦同。

（十）機關依廠商履約結果辦理另案採購，因廠商計算數量錯誤或項目漏列，
致該另案採購結算增加金額與減少金額絕對值合計，逾該另案採購契
約價金總額 5% 者，應就超過 5% 部分占該另案採購契約價金總額之
比率，乘以本契約價金總額計算違約金。但本款累計違約金以本契約
價金總額之 10% 為上限。

（十一）連帶保證廠商應保證得標廠商依契約履行義務，如有不能履約情
事，即續負履行義務，並就機關因此所生損失，負連帶賠償責任。

（十二）連帶保證廠商經機關通知代得標廠商履行義務者，有關廠商之一
切權利，包括尚待履約部分之契約價金，一併移轉由該保證廠商概
括承受，本契約並繼續有效。得標廠商之保證金及已履約而尚未支
付之契約價金，如無不支付或不發還之情形，得依原契約規定支付
或發還該得標廠商。

（十三）廠商與其連帶保證廠商如有債權或債務等糾紛，應自行協調或循法
律途徑解決。

（十四）（刪除）
（十五）機關不得於本契約納列提供機關使用之公務車輛、提供機關人員
　　　　使用之影印機、電腦設備、行動電話（含門號）、傳真機及其他應
　　　　由機關人員自備之辦公設施及其耗材。


第十五條　契約變更及轉讓
（一）機關於必要時得於契約所約定之範圍內通知廠商變更契約（含新增
　　　項目），廠商於接獲通知後，除雙方另有協議外，應於10日內向機關
　　　提出契約標的、價金、履約期限、付款期程或其他契約內容須變更之
　　　相關文件。契約價金之變更，其底價依採購法第46條第1項之規定。
（二）廠商於機關接受其所提出須變更之相關文件前，不得自行變更契約。
　　　除機關另有請求者外，廠商不得因前款之通知而遲延其履約期限。
（三）機關於接受廠商所提出須變更之事項前即請求廠商先行施作或供應，
　　　其後未依原通知辦理契約變更或僅部分辦理者，應補償廠商所增加
　　　之必要費用。
（四）契約約定之採購標的，其有下列情形之一者，廠商得敘明理由，檢附
　　　規格、功能、效益及價格比較表，徵得機關書面同意後，以其他規格、
　　　功能及效益相同或較優者代之。但不得據以增加契約價金。其因而
　　　減省廠商履約費用者，應自契約價金中扣除：
　　　1. 契約原標示之廠牌或型號不再製造或供應。
　　　2. 契約原標示之分包廠商不再營業或拒絕供應。
　　　3. 因不可抗力原因必須更換。
　　　4. 較契約原標示者更優或對機關更有利。
　　　屬前段第4目情形，而有增加經費之必要，其經機關綜合評估其總體
　　　效益更有利於機關者，得不受前段序文但書限制。
（五）契約之變更，非經機關及廠商雙方合意，作成書面紀錄，並簽名或蓋
　　　章者，無效。
（六）廠商不得將契約之部分或全部轉讓予他人。但因公司分割或其他類
　　　似情形致有轉讓必要，經機關書面同意轉讓者，不在此限。
　　　廠商依公司法、企業併購法分割，受讓契約之公司（以受讓營業者為
　　　限），其資格條件應符合原招標文件規定，且應提出下列文件之一：
　　　1. 原訂約廠商分割後存續者，其同意負連帶履行本契約責任之文件；
　　　2. 原訂約廠商分割後消滅者，受讓契約公司以外之其他受讓原訂約
　　　　 廠商營業之既存及新設公司同意負連帶履行本契約責任之文件。

第十六條　契約終止解除及暫停執行

（一）廠商履約有下列情形之一者，機關得以書面通知廠商終止契約或解除
　　　契約之部分或全部，且不補償廠商因此所生之損失：

　　1. 違反採購法第 39 條第 2 項或第 3 項規定之專案管理廠商。

　　2. 有採購法第 50 條第 2 項前段規定之情形者。

　　3. 有採購法第 59 條規定得終止或解除契約之情形者。

　　4. 違反不得轉包之規定者。

　　5. 廠商或其人員犯採購法第 87 條至第 92 條規定之罪，經判決有罪
　　　確定者。

　　6. 因可歸責於廠商之事由，致延誤履約期限，有下列情形者：

　　　■履約進度落後 20% 以上，且日數達十日以上。

　　　　百分比之計算方式：

　　　　（1）屬尚未完成履約而進度落後已達百分比者，機關應先通知
　　　　　　　廠商限期改善。屆期未改善者，如機關訂有履約進度計算方
　　　　　　　式，其通知限期改善當日及期限末日之履約進度落後百分
　　　　　　　比，分別以各該日實際進度與機關核定之預定進度百分比
　　　　　　　之差值計算；如機關未訂有履約進度計算方式，依逾期日數
　　　　　　　計算之。

　　　　（2）屬已完成履約而逾履約期限，或逾最後履約期限尚未完成
　　　　　　　履約者，依逾期日數計算之。

　　7. 偽造或變造契約或履約相關文件，經查明屬實者。

　　8. 擅自減省工料情節重大者。

　　9. 無正當理由而不履行契約者。

　　10. 審查、查驗或驗收不合格，且未於通知期限內依規定辦理者。

　　11. 有破產或其他重大情事，致無法繼續履約者。

　　12. 廠商未依契約規定履約，自接獲機關書面通知之次日起 10 日內
　　　　或書面通知所載較長期限內，仍未改善者。

　　13. 違反本契約第 8 條第 16 款第 1 目、第 2 目第 1 子目及第 2 子目、
　　　　第 17 款第 3 目第 1 子目（適用勾選本子目選項者）至第 3 子目、
　　　　第 21 款及第 14 條第 14 款第 3 目情形之一，經機關通知改正而
　　　　未改正，情節重大者。

　　14. 違反環境保護或職業安全衛生等有關法令，情節重大者。

　　15. 違反法令或其他契約約定之情形，情節重大者。

（二）機關未依前款規定通知廠商終止或解除契約者，廠商仍應依契約規
　　　定繼續履約。

（三）契約經依第 1 款規定或因可歸責於廠商之事由致終止或解除者，機
　　　關得依其所認定之適當方式，自行或洽其他廠商完成被終止或解除
　　　之契約；其所增加之費用及損失，由廠商負擔。無洽其他廠商完成之
　　　必要者，得扣減或追償契約價金，不發還保證金。機關有損失者亦同。

（四）契約因政策變更，廠商依契約繼續履行反而不符公共利益者，機關得

報經上級機關核准,終止或解除部分或全部契約,並補償廠商因此
所生之損失。但不包含所失利益。

(五)依前款規定終止契約者,廠商於接獲機關通知前已完成且可使用之
履約標的,依契約價金給付;僅部分完成尚未能使用之履約標的,機
關得擇下列方式之一洽廠商為之:

1. 繼續予以完成,依契約價金給付。

2. 停止製造、供應或施作。但給付廠商已發生之製造、供應或施作
費用及合理之利潤。

(六)非因政策變更且非可歸責於廠商事由(例如不可抗力之事由所致)而
有終止或解除約必要者,準用前 2 款規定。

(七)廠商未依契約規定履約者,機關得隨時通知廠商部分或全部暫停執
行,至情況改正後方准恢復履約。廠商不得就暫停執行請求延長履
約期限或增加契約價金。

(八)因可歸責於機關之情形,機關通知廠商部分或全部暫停執行:

1. 暫停執行期間累計逾 2 個月者,機關應先支付已完成履約部分之
價金。

2. 暫停執行期間累計逾 6 個月者,廠商得通知機關終止或解除部分
或全部契約,並得向機關請求賠償因契約終止或解除而生之損害。
因可歸責於機關之情形無法開始履約者,亦同。

(九)廠商不得對本契約採購案任何人要求、期約、收受或給予賄賂、佣金、
比例金、仲介費、後謝金、回扣、餽贈、招待或其他不正利益。分包
廠商亦同。違反約定者,機關得終止或解除契約,並將 2 倍之不正利
益自契約價款中扣除。未能扣除者,通知廠商限期給付之。

(十)本契約終止時,自終止之日起,雙方之權利義務即消滅。契約解除時,
溯及契約生效日消滅。雙方並互負相關之保密義務。

(十一)因可歸責於機關之事由,機關有延遲付款之情形:

1. 廠商得向機關請求加計依簽約日中華郵政股份有限公司牌告一
年期郵政定期儲金機動利率之遲延利息。

2. 延遲付款達 3 個月者,廠商得通知機關終止或解除部分或全部
契約。

(十二)除契約另有約定外,履行契約需機關之行為始能完成,因可歸責於
機關之事由而機關不為其行為時,廠商得定相當期限催告機關為之。
機關不於前述期限內為其行為者,廠商得通知機關終止或解除契
約。

(十三)因契約約定不可抗力之事由,致全部契約暫停執行,暫停執行期間
持續逾 3 個月或累計逾 6 個月者,契約之一方得通知他方終止或解
除契約。

第十七條　爭議處理

（一）機關與廠商因履約而生爭議者，應依法令及契約規定，考量公共利益及公平合理，本誠信和諧，盡力協調解決之。其未能達成協議者，得以下列方式處理之：

1. 依採購法第 85 條之 1 規定向採購申訴審議委員會申請調解。

2. 經契約雙方同意並訂立仲裁協議後，依本契約約定及仲裁法規定提付仲裁。

3. 提起民事訴訟。

4. 依其他法律申（聲）請調解。

5. 契約雙方合意成立爭議處理小組協調爭議。

6. 依契約或雙方合意之其他方式處理。

（二）依前款第 2 目提付仲裁者，約定如下：

1. 由機關於招標文件及契約預先載明仲裁機構。其未載明者，由契約雙方協議擇定仲裁機構。如未能獲致協議，由機關指定仲裁機構。上開仲裁機構，除契約雙方另有協議外，應為合法設立之國內仲裁機構。

2. 仲裁人之選定：

（1）當事人雙方應於一方收受他方提付仲裁之通知之次日起 14 日內，各自從指定之仲裁機構之仲裁人名冊或其他具有仲裁人資格者，分別提出 10 位以上（含本數）之名單，交予對方。

（2）當事人之一方應於收受他方提出名單之次日起 14 日內，自該名單內選出 1 位仲裁人，作為他方選定之仲裁人。

（3）當事人之一方未依（1）提出名單者，他方得從指定之仲裁機構之仲裁人名冊或其他具有仲裁人資格者，逕行代為選定 1 位仲裁人。

（4）當事人之一方未依（2）自名單內選出仲裁人，作為他方選定之仲裁人者，他方得聲請指定之仲裁機構代為自該名單內選定 1 位仲裁人。

3. 主任仲裁人之選定：

（1）二位仲裁人經選定之次日起 30 日內，由雙方共推之仲裁人共推第三仲裁人為主任仲裁人。

（2）未能依（1）共推主任仲裁人者，當事人得聲請指定之仲裁機構為之選定。

4. 以機關所在地為仲裁地。

5. 除契約雙方另有協議外，仲裁程序應公開之，仲裁判斷書雙方均得公開，並同意仲裁機構公開於其網站。

6. 仲裁程序應使用國語及中文正體字。

7. 機關不同意仲裁庭適用衡平原則為判斷。

8. 仲裁判斷書應記載事實及理由。

（三）依第 1 款第 5 目成立爭議處理小組者，約定如下：

1. 爭議處理小組於爭議發生時成立，得為常設性，或於爭議作成決議後解散。

2. 爭議處理小組委員之選定：

    (1) 當事人雙方應於協議成立爭議處理小組之次日起 10 日內，各自提出 5 位以上（含本數）之名單，交予對方。

    (2) 當事人之一方應於收受他方提出名單之次日起 10 日內，自該名單內選出 1 位作為委員。

    (3) 當事人之一方未依 (1) 提出名單者，為無法合意成立爭議處理小組。

    (4) 當事人之一方未能依 (2) 自名單內選出委員，且他方不願變更名單者，為無法合意成立爭議處理小組。

3. 爭議處理小組召集委員之選定：

    (1) 二位委員經選定之次日起 10 日內，由雙方或雙方選定之委員自前目 (1) 名單中共推 1 人作為召集委員。

    (2) 未能依 (1) 共推召集委員者，為無法合意成立爭議處理小組。

4. 當事人之一方得就爭議事項，以書面通知爭議處理小組召集委員，請求小組協調及作成決議，並將繕本送達他方。該書面通知應包括爭議標的、爭議事實及參考資料、建議解決方案。他方應於收受通知之次日起 14 日內提出書面回應及建議解決方案，並將繕本送達他方。

5. 爭議處理小組會議：

    (1) 召集委員應於收受協調請求之次日起 30 日內召開會議，並擔任主席。委員應親自出席會議，獨立、公正處理爭議，並保守秘密。

    (2) 會議應通知當事人到場陳述意見，並得視需要邀請專家、學者或其他必要人員列席，會議之過程應作成書面紀錄。

    (3) 小組應於收受協調請求之次日起 90 日內作成合理之決議，並以書面通知雙方。

6. 爭議處理小組委員應迴避之事由，參照採購申訴審議委員會組織準則第 13 條規定。委員因迴避或其他事由出缺者，依第 2 目、第 3 目辦理。

7. 爭議處理小組就爭議所為之決議，除任一方於收受決議後 14 日內以書面向召集委員及他方表示異議外，視為協調成立，有契約之拘束力。惟涉及改變契約內容者，雙方應先辦理契約變更。如有爭議，得再循爭議處理程序辦理。

8. 爭議事項經一方請求協調，爭議處理小組未能依第 5 目或當事人協議之期限召開會議或作成決議，或任一方於收受決議後 14 日內以書面表示異議者，協調不成立，雙方得依第 1 款所定其他方式辦理。

9. 爭議處理小組運作所需經費，由契約雙方平均負擔。

10. 本款所定期限及其他必要事項，得由雙方另行協議。

（四）依採購法規定受理調解或申訴之機關名稱：新北市政府採購申訴審
議委員會；地址：新北市板橋區中山路 1 段 161 號 27 樓；電話：（
02）29603456 轉 4246。

（五）履約爭議發生後，履約事項之處理原則如下：

1. 與爭議無關或不受影響之部分應繼續履約。但經機關同意無須履
約者不在此限。

2. 廠商因爭議而暫停履約，其經爭議處理結果被認定無理由者，不
得就暫停履約之部分要求延長履約期限或免除契約責任。

（六）本契約以中華民國法律為準據法，並以機關所在地之地方法院為第
一審管轄法院。

第十八條　其他

（一）廠商對於履約所僱用之人員，不得有歧視性別、原住民、身心障礙或
弱勢團體人士之情事。

（二）廠商履約時不得僱用機關之人員或受機關委託辦理契約事項之機構
之人員。

（三）廠商授權之代表應通曉中文或機關同意之其他語文。未通曉者，
廠商應備翻譯人員。

（四）機關與廠商間之履約事項，其涉及國際運輸或信用狀等事項，契約未
予載明者，依國際貿易慣例。

（五）機關及廠商於履約期間應分別指定授權代表，為履約期間雙方協調
與契約有關事項之代表人。

（六）依據「政治獻金法」第 7 條第 1 項第 2 款規定，與政府機關（構）有巨
額採購契約，且於履約期間之廠商，不得捐贈政治獻金。

（七）廠商內部揭弊者保護制度及機關處理方式：

1. 廠商人員（包括勞工及其主管）針對本採購案發現其雇主、所屬員
工或機關人員（包括代理或代表機關處理採購事務之廠商）涉有
違反採購法、本契約或其他影響公共安全或品質，具名揭弊者，廠
商應保障揭弊人員之權益，不因該揭弊行為而為不利措施（包括
但不限解僱、資遣、降調、不利之考績、懲處、懲罰、減薪、罰款〈薪〉、
剝奪或減少獎金、退休〈職〉金、剝奪與陞遷有關之教育或訓練機
會、福利、工作地點、職務內容或其他工作條件、管理措施之不利
變更、非依法令規定揭露揭弊者之身分）。但若發生違法或違約之
行為（例如無故曠職、洩漏公司機密等），不在此限。

2. 廠商人員之揭弊內容有下列情形之一者，仍得受前目之保護：

（1）所揭露之內容無法證實。但明顯虛偽不實或揭弊行為經以誣

告、偽證罪緩起訴或判決有罪者,不在此限。

(2)所揭露之內容業經他人檢舉或受理揭弊機關已知悉。但案件
已公開或揭弊者明知已有他人檢舉者,不在此限。

3. 廠商內部訂有禁止所屬員工揭弊條款者,該約定於本採購案無效。

4. 為兼顧公益及採購效率,機關於接獲揭弊內容後,應積極釐清揭
弊事由,立即啟動調查;除經調查後有具體事證,依契約及法律為
必要處置外,廠商及機關仍應依契約約定正常履約及估驗。

(八)本契約未載明之事項,依採購法及民法等相關法令。


立契約書人:

機　　　關:新北市政府觀光旅遊局

代　表　人:楊宗珉

地　　　址:新北市板橋區中山路一段 161 號 26 樓(東側)


廠　　　商:

負　責　人:

統一編號:

地　　　址:

中　華　民　國　一　一　三　年　　月　　日

# 標案女王

揭開政府標案採購神秘面紗　企業增加訂單營收的新大陸

作　　　者　維姊 (Victoria)
主　　　編　許純蓮
美 術 設 計　李琬萍
出 版 發 行　安意顧問股份有限公司
地　　　址　臺北市中正區重慶南路 1 段 63 號 10 樓之 8
電　　　話　(02)2383-2190
官 方 網 站　https://bidqueenvictoria.com
I S B N　978-626-98705-0-9
定　　　價　399 元
初 版 一 刷　2024 年 6 月

國家圖書館出版品預行編目 (CIP) 資料

標案女王：揭開政府標案採購神秘面紗　企業增加訂單營收
的新大陸 / 維姊著 . -- 初版 . -- 臺北市：安意顧問股份有限
公司 , 2024.06
168 面；17X23 公分
ISBN 978-626-98705-0-9 ( 平裝 )
1.CST：政府採購 2.CST：企業管理

564.72　　　　　　　　　　　　　　　　113007527